U0836630

商标战略实施效果评价体系研究

陈章龙　陈效林　等著

中国财经出版传媒集团
中国财政经济出版社

图书在版编目（CIP）数据

商标战略实施效果评价体系研究／陈章龙等著．—北京：中国财政经济出版社，2016.12

ISBN 978-7-5095-7183-5

Ⅰ.①商… Ⅱ.①陈… Ⅲ.①商标管理-研究 Ⅳ.①F760.5

中国版本图书馆 CIP 数据核字（2016）第 322123 号

责任编辑：张 莹 贾延平　　　　责任校对：张 凡
封面设计：孙俪铭　　　　　　　版式设计：董生平

中国财政经济出版社 出版

URL：http：//www.cfeph.cn

E-mail：cfeph @ cfeph.cn

（版权所有 翻印必究）

社址：北京市海淀区阜成路甲 28 号 邮政编码：100142

营销中心电话：88190406 北京财经书店电话：64033436 84041336

北京厚诚则铭印刷科技有限公司印刷 各地新华书店经销

787×1092 毫米 16 开 11.5 印张 140 000 字

2016 年 12 月第 1 版 2016 年 12 月北京第 1 次印刷

定价：25.00 元

ISBN 978-7-5095-7183-5/F·5759

（图书出现印装问题，本社负责调换）

本社质量投诉电话：010-88190744

打击盗版举报热线：010-88190492，QQ：634579818

前　言

品牌，是企业参与市场竞争的价值源泉，是衡量国家综合实力的重要标志。在经济全球化浪潮下，拥有优秀品牌的数量，折射出一个国家在世界经济舞台的核心竞争力和经济发展水平，也反映了一个民族在发展、变革和开放中的精神风貌。习近平总书记指出，要“推动中国制造向中国创造转变、中国速度向中国质量转变、中国产品向中国品牌转变”。自此，我国商标事业迎来了战略机遇期，各级政府积极实施商标战略，商标事业得到快速发展，商标注册、运用、保护、管理、服务能力逐步提高，商标人才队伍建设稳步推进。中国已成为品牌大国，商标注册申请量连续多年居全球首位。取得了辉煌成就的同时，我们必须清醒地认识到，我国商标事业与发达国家相比还有较大的差距，商标战略是一项复杂的系统工程，商标战略实施不仅要重视商标战略的实施，也要重视战略实施效果的评价。商标战略实施效果评价是商标战略的核心内容和关键步骤，通过评价，才能明确“在哪里”“去哪里”“如何去”的重大商标战略问题。本书尝试构建江苏省商标战略实施效果评价指标体系，进而对全国及江苏省商标战略实施效果进行了评价，并提出相应的政策建议。

商标与经济发展之间联动作用明显。迈入知识经济时代以来，作为知识产权组成部分的商标对一个市场主体、一个地区，乃至一个国家经济发展起着越来越重要的作用。商标是市场信息和市场主体核心竞争力的重要载体，是企业的无形资产，是一个地区和国家的财富。从世界范围看，国际市场竞争从开始的商品输出、资本输出，到技术输出。商品输出消耗国内资源并以环境为代价、资本输出消耗国内财富且风险较高、技术输出面临东道国模仿而失去优势。商标（品牌）输出既避免了国内资源的消耗与环境的污染，又不会被模仿而失去优势。因此未来国际市场竞争必然是商标（品牌）之争。拥有更多国际知名商标（品牌）的国家必然是当前和未来的经济强国。

我国20世纪80年代是产品经济时代，90年代进入资产经营时代，21世纪则是进入了品牌经营时代。从国内商标与经济发展之间的关系来看，商标事业发展水平与地方经济发展水平高度相关，例如，2015年广东省、浙江省、江苏省和山东省商标注册申请量在全国排名前四，对应的国内生产总值（GDP）在全国排名也是前四；就江苏省内，苏州、南京与无锡商标注册申请量排名前三，地区国内生产总值（GDP）也处于前列；南通市这几年非常重视商标建设，商标注册申请量持续快速增长，相应的国内生产总值（GDP）也逐年增加，现在处于全省第三位。

商标战略推动商标事业快速发展。随着知识经济和经济全球化深入发展，全球知名商标（品牌）数量日益成为国家发展的战略性资源和国际竞争力的核心要素，成为掌握发展主动权的关键。发达国家政府非常重视国家商标事业，政府在其中起到重要的推动作用。例如，日本制定了《知识产权战略大纲》，从教育立国、科技立国，到知识产权战略。发展中国家积极采取适应国情的知识产权政策措施，促进自身发展。我国十分重视知识产权事业，2008年6月5日，国务院发布了《国家知识产权战略纲要》，决定实施国家知识产权战略。商标战略是国家知识产权战略的重要组成部分，国家工商总局下发了《关于贯彻落实〈国家知识产权战略纲要〉大力推进商标战略实施的意见》，将商标战略上升为国家战略以来，有力地推动了我国商标（品牌）事业的发展，商标注册、运用、保护和管理的能力逐步提高，国际影响力逐渐增强，促进了经济社会又好又快发展。例如，2008 年之前的注册申请量平均增速约 16% 左右，2009 年之后商标注册申请量平均增速达到 22.6%。

商标战略实施效果评价越发重要。自从商标战略上升为国家战略，我国商标事业取得了卓越的成就，但在商标战略实施过程中“重实施、轻评价”问题较为突出，例如，国家及各地区投入大量的人力、物力和财力实施商标战略，究竟战略实施效果如何，商标战略实施中的重点与抓手是什么，下一轮的商标战略方向与目标如何确定，这些重要问题的解决都有赖于对商标战略实施效果评价。

商标战略实施效果评价是战略控制的基础，用以发现战略实施与战略规划的偏差，为战略控制提供依据，为下一阶段战略实施方案的调整提供参考。商标战略实施效果评价能够为国家、地区和企业商标战略指明未来发展方向，提高商标战略管理水平，增强市场竞争力，促进产业转型升级，拉动经济发展。建立商标战略实施效果评价体系，开展战略实施效果评价，根据评价结果，不仅可以总体监控战略实施效果，还可以全方位地分析战略实施过程中人、财、物等资源的配置问题，从而建立有效的激励和约束机制，确保资源的优化配置，促进经济发展。

商标战略实施效果评价指标体系。本书构建了“6 维度、22 指标”评价指标体系衡量商标战略实施效果。6 个维度包括商标创造、商标运用、商标保护、商标管理、商标服务和商标人才。首先，商标创造、商标运用、商标保护和商标管理等 4 个要素直接决定了一个国家和地区商标发展水平和竞争优势，是决定一个国家或地区商标事业发展的硬件。其次，随着我国商标战略实施的深入和进入更佳阶段，商标服务能力的作用日益显现，成为不同地区商标战略实施效果差异的重要因素之一。最后，无论是商标战略实施的4个方面的实现，还是服务水平的提高，都需要强有力的人才支撑，商标人才是商标战略实施的关键，是持续竞争优势的基础。与商标战略实施4个硬件相比，商标服务和商标人才是商标事业发展的软件。这6个维度通过22个指标加以测量，其中商标创造、商标运用、商标保护和商标服务分别通过4个指标测量，商标管理和商标人才分别由3个指标测量。在此基础上，对6维度和22指标赋权，形成了三级商标战略实施效果评价指标体系。

商标战略实施效果评价。课题组测算了我国各省、自治区和直辖市在商标创造、商标运用、商标保护、商标管理、商标服务和商标人才得分及排名情况，以及商标战略实施效果总得分与排名情况。据此，江苏省商标战略实施效果处于全国第四位，前三位分别是广东省、浙江省和上海市。其中，商标人才位居全国第二位，商标创造、商标运用和商标保护位居全国第三位，商标管理和商标服务处于全国第五的位置。

江苏省内各地级市商标战略实施效果评价的结果是：总体上呈现非均衡分布，商标战略实施效果与地区经济发展水平呈现一致性，苏南地区经济发达，在商标战略实施效果得分上处于领先位置，苏州市、南京市和无锡市处于前三位。而苏北地区经济较弱，商标战略实施效果也处于较为落后的位置。苏中的南通市商标战略实施效果位列全省第四位，突破了苏南重围。

江苏商标战略实施的对策建议。江苏省商标战略实施效果处于全国领先地位（综排名第四），但也存在着亟待解决的问题，一是与发达国家相比，缺乏全球知名商标，商标（品牌）经济还有较大差距。二是在国内虽然处于第一方阵前列，但与广东省和浙江省相比还有一定的差距，而且省内商标战略实施效果呈现较为明显的区域发展不均衡。因此，本书提出江苏省在后续的实施商标战略中要加强如下几个方面的建设：一是提升商标战略综合意识，特别是商标战略实施的过程性意识和整体意识。二是大力提升商标创造能力，紧抓国家“一带一路”战略契机，推动海外商标注册申请，促进品牌输出。三是大力拓宽商标运用范围，重点做到进一步完善商标质押融资市场，发挥商标金融融通作用和推进企业上市、跨地区和跨国经营。四是加大商标保护力度，重点是尽快形成全方位联动式的商标保护体系，形成自我保护、行政保护、司法保护、行业自律、社会监督相结合，违法预防、预警、启动和处置为一体的全方位联动式的商标保护体系。五是大力提高商标管理信息化水平，将“互联网+”战略引入商标管理中，提高管理信息化水平，形成信息共享。六是大力提升商标服务水平，培育和发展市场化商标信息中介服务，支持建设规范的网上商标交易平台，发挥商标中介服务对于盘活闲置商标、对发挥商标价值的最大化等方面有着重要作用。七是大力推进商标人才队伍建设，重视产学研结合的商标人才培养模式和商标人才数据库建设。八是重视商标战略实施效果评价，重点是构建商标战略实施效果评价指标体系和数据库建设，充分利用评价结果，推进新一轮商标战略实施。

目录

第一章

绪　论

第一节　商标与商标战略概述

一、商标概念概述

（一）商标与品牌

商标，是指商品生产者或者经营者为区别于其他商品生产者和经营者所生产或经营的同一和类似商品，而使用于自己的商品上的由文字、图形或者其组合所构成的显著标记①。世界知识产权组织在其《示范法》中对商标的定义为“商标是将一家企业的产品或服务与另一家企业的产品与服务区别开的标记”。② 另

① 刘远山，张孝光．论我国商标侵权的司法判定——以商标混淆可能性为视角［J］．中外企业家，2011（06）：133—134

② 厉春雷．商标：企业品牌的法律形态［J］．现代营销：学苑版，2011（2）：48—49

外，《贸易有关的知识产权协议》第15条规定："能够将一个企业的商品或服务与其他企业的商品与服务区分开的标记或标记组合，均应能构成商标"①。我国《商标法》规定，商标是指任何能够将自然人、法人或者其他组合的商品或者服务与他人的商品或者服务区别开的可视性标志②，包括文字、图形、字母、数字、三维标志和颜色组合以及上述要素的组合，均可作为商标申请注册③。商标是商品的标志，它象征着商品的品质、信誉、评价和名声，商标具有依附于商品的从属性、财产属性、竞争性和排他性④。

最容易与商标混淆的一个名词就是品牌，很多人把商标和品牌画等号。品牌是用来识别不同产品和服务，并使之与竞争对手的产品与服务区别开来的文字、符号、标记或者他们的相互组合⑤。著名市场营销专家菲利普·科特勒⑥为其下的定义为"品牌是一种名称、术语、标记符号或图案，或者是它们的相互组合，其目的借以辨认某个消费者或某群消费者获得的产品或服务，并使之与竞争对手的产品或者服务相区别"⑦。品牌能表达六层意思：

（1）属性，即一个品牌首先给人带来的特定属性。

---

① 孙忠明，刘永勤．宝钢的注册商标及知识产权保护初探［J］．全国宝钢学术年会，2006

② 宋元元．论非传统商标的法律保护［J］．消费导刊，2012（2）：123

③ 曹新伟．从审查实务看我国商标法的修改完善［J］．中华商标，2007（6）：4—7

④ 李然．论非传统商标保护的必要性［J］．合作经济与科技，2011（5）：75—76

⑤ 王慧杰．学校品牌的经营与管理［J］．发展，2007（5）：89—90

⑥ Fradet Y，Lockhard C. Performance characteristics of a new monoclonal antibody test for bladder cancer：ImmunoCyt trade mark［J］. The Canadian journal of urology，1997，4（3）：400—405

⑦ 马颖．科学有效实施农行企业文化与品牌文化战略［J］．上海农村金融，2008（2）：41—45

（2）利益，即属性需要转换成功能和情感利益，顾客不是购买属性，而是购买利益①。

（3）价值，品牌体现了该商品创造的某些价值观。

（4）文化，品牌附加和象征了一定的文化。

（5）个性，品牌还代表了一定的个性。

（6）使用者，品牌还体现了购买或使用的是哪一种消费者②。科特勒认为，一个品牌最持久的含义就是它的价值、文化和个性，它们确定了品牌的基础③。品牌是一个反映生产者或者经营者产品和服务的商标驰名度、市场信誉、特定质量的综合概念，是企业自主知识产权的集中体现。

在以上部分详细介绍了主流学者或协会组织对商标和品牌的界定，具体他们的异同是：商标和品牌都是企业的无形资产，都具有一定的专有性，其功能几乎相同④。它们本质的功能是识别商品或服务，并在此基础上生出了三项其他的功能：一是表明商品的来源或出处。二是保证商品或服务的质量。三是广告宣传⑤。商标和品牌实际上是一个问题的两个方面：①从市场的角度来看，品牌积累的是市场利益。②从法律的角度来看，通过商标来保护品牌积累的市场利益。所以品牌只有转化为商标，其积累的市场利益才能得到合法的保护。但品牌转化为商标，必须要支付一定的费用，有些企业不愿意支付这笔费用，其品牌就得不到法律的保护⑥。③从数量的角度来看，品牌和商标的数量是不等的，

---

① 李秀丽，董慧．浅析卓越品牌战略［J］．商场现代化，2006（18）：112

② 蔡卫平．经济类报纸的品牌生存策略［J］．当代传播，2002（6）：67—69

③ 蒋璟萍．论品牌的本质、类型和特征［J］．湖南商学院学报，2010，17（1）

④ 陈婷．我国企业商标战略研究［D］．武汉理工大学，2008

⑤ 刘伟．商标侵权的认定与处理［D］．安徽大学，2006

⑥ 陈红丽，范雅婷，李玉．论商标保护与实施品牌战略的关系［C］．中国商品学会2007年年会论文集．2008：31—32

商标只是品牌的一部分，即品牌当中获得了商标专用权的那一部分。品牌要想有影响力并流传久远，必须转化成商标，只有获得合法的保护才能够使品牌延续下去①。

“品牌”，已是家喻户晓、人人皆知的热点词汇，市场竞争的焦点就是品牌的竞争，无论过去、现在和将来，品牌的竞争始终是企业生存竞争和发展竞争的必然选择②。而品牌只有注册，有自己的商标才能被法律保护，具有法律效力。

（二）商标的类型

商标根据不同的划分标准，可以划分成不同的种类。

根据商标的构成划分为文字商标、图形商标、数字商标、颜色商标、立体商标及组合商标。文字商标是以文字为主组成的商标；图形商标是指用图形构成的商标；数字商标是以阿拉伯数字组成的商标；颜色商标是指通过特定的意图或顺序将两种或两种以上的色彩组合而成的商标。立体商标也称三维商标，是指具有长、宽、高三种度量的立体物标志；组合商标是指以文字、图形、数字、三维标志、颜色组合等要素结合起来的商标，可以为上述要素的综合，也可以为两种或者两种以上要素的结合③。

根据商标用途划分，商标可分为商品商标和服务商标④。所谓商品商标，是用在生产销售的商品上的标志。服务商标，是指服务的提供者将自己提供的服务与他人提供的服务区分开来的由文字、图形等要素构成的标志。

根据商标的作用和功能划分，可以将商标分为防御商标、联

---

① 郝海燕．商标保护为品牌建设画龙点睛［J］．中国品牌，2011（21）：76—77

② 徐颖．商标战略对提升陕西经济竞争力的实证研究［D］．西安科技大学，2014

③ 李腾．论立体商标的法律保护［D］．暨南大学，2008

④ 信一术．湖北省商标战略研究［D］．武汉理工大学，2009

合商标、集体商标和证明商标[①]。防御商标是指将同一商标注册于不同的商品或服务上，构成一个防御体系[②]，以防止他人在不同商品或服务上使用该商标可能给消费者造成的混淆[③]。联合商标是将与已注册商标相近似的商标在相同或类似商品或服务上注册，以防止“映射侵权”行为，防御商标和联合商标的作用主要是保护驰名商标不受直接或间接的侵害。集体商标是指以团体、协会或者其他组织名义注册，供该组织成员在商业活动使用，以表明使用者在该组织中的成员资格的标志[④]。证明商标，是指由对某种商品或服务具有监督能力的组织所控制，而有该组织以外的单位或个人使用于其商品或服务，用以证明该商品或服务的原产地、原料、制造方法、质量或者其他特定品质的标志[⑤]。证明商标可分为特定品质标志和地理标志。地理标志主要是针对农副产品而言[⑥]。地理标志又称原产地名称，是指特定地方的地理名称或标记，是标示某种商品来源于某地区，该商品的特定质量、信誉或者其他特征，主要是由该地区的自然因素或人文因素所决定的标志[⑦]。

（三）商标的功能与作用

在我们的日常生活中商标随处可见，它有着广泛的作用和不

---

① 朱军华．在营业招牌中突出使用他人注册商标构成侵权——从一起案例分析合理使用他人商标的判断标准［J］．中国工商管理研究，2008（9）：73—74

② 刘平，戚昌文．论驰名商标的特殊保护［J］．法商研究，1995（6）：65—67

③ 李君．商标涉外国际保护研究［D］．四川大学，2005

④ 谈笑．商标：企业品牌的金饭碗［J］．今日南国，2009（20）：60

⑤ 李功田，程玉桐．证明商标的法律保护［J］．山东工商行政管理，2002（9）：34—35

⑥ 黄海莺．论地理标志的法律保护［D］．四川大学，2004

⑦ 庄奎太．商品地理标志如何注册［J］．中华商标，2007（11）：56

可忽视的功能[①]。

1. 识别商品来源

这是商标的基本功能和首要功能，商标就是为识别商品的来源才产生的，有此功能的才能称为商标[②]。商标所有者可通过产品的排他性、专用性来显示自己的特点，方便消费者识别，消费者在选择商品时也可根据商标来进行判断，从而选择购买[③]。

2. 证明商品或服务质量

生产者通过商标表明产品是自己所生产，消费者则可以通过商标来辨别商品或服务出自谁家[④]。商标的使用能促使生产者重视提升服务质量和商品质量。企业为了自己的产品在市场上有竞争力，就必须把好质量关[⑤]，提高商品和服务质量，从而塑造和维系产品在消费者心目中的形象，才能在市场竞争中占有一席之地[⑥]。

3. 促进销售的功能

生产者通过商标来表明商品来源和出处，消费者通过商标来区别商品，判断商品，从而做出选择。在市场中有知名度和影响力的商标必然能促进该产品的销售，所以商标也是企业开拓市场、占领市场的重要工具[⑦]。

4. 广告宣传功能

现代的商标广告宣传往往以商标为核心，通过商标发布商品信息，借用简单易记的商标吸引消费者关注和记忆，加深对产品

---

① 郑其斌. 论商标的独立价值［J］. 社会科学家，2009（5）：84—87

② 张德芬. 商标使用界定标准的重构［J］. 知识产权，2012（3）：11—20

③ 张南. 论未注册商标的立法保护［D］. 对外经济贸易大学，2006

④ 小野昌延. 商标知识［M］. 中国财政经济出版社，1981

⑤ 傅以尚. 论商标商品化［J］. 科技管理研究，2005，25（9）：247—249

⑥ 刘景龙. 品牌形象的塑造和维护［J］. 改革与开放，2010（1X）：84—85

⑦ 裴建军，张银霞. 企业商标保护［J］. 山西财经大学学报，2001，23（2）：73—75

的印象和关注，从而达到促进产品销售的目的。商标可以为相关产品提供无限的附加值，从而产生巨大的市场价值①。

5. 彰显个性功能

随着人们生活水平的提高，人们对商品的需求从讲求实用到彰显个性，追求时尚。消费者在选购相同商品时，往往根据商标选购自己需要的商品。也就是，在此基础上，商标可以延伸到品牌。

6. 树立商业信誉

一个商标凝结了被标示商品和生产者的商业信誉，树立商业信誉的有效途径就是树立有知名度的商标，这些富有声誉的商标可保护商家的商业信誉，也可帮助消费者选购商品。商标知名度越高，对商家信誉的保护范围越大，对商品竞争力的提升作用也越大。

二、商标战略概述

（一）商标战略的含义与作用

商标在知识经济时代越发重要，是企业核心竞争力的载体和体现，是企业之间、地区之间乃至国家之间竞争的重要工具。因此，商标的重要性越来越得到国家、地区和企业的重视，成为知识经济时代产生的新战略。商标战略是指企业运用商标去确定企业主要的及长远的目标和为完成这一任务所采用的商标运用方面的主要行动。商标战略是现代企业的一种基本战略，它主要是通过对商标的精心选择和培育来提高其知名度，使其有效地转化为一系列具体的战术行为，即商标策略包括设计、注册、宣传、商

① Wilkins M. The neglected intangible asset: The influence of the trade mark on the rise of the modern corporation ［J］. Business History, 1992, 34 (1): 66—95

标使用和维护以及商标管理等内容[①]。因此，从企业层面，商标战略是指企业为获得与保持市场竞争优势，运用商标的法律保护作用，达到树立企业形象、进而提高产品或服务市场占有率的战略性规划。商标战略的实施可以充分有效地利用商标本身所拥有的功能为企业创造出更多利润，促进当地的经济发展[②]。另外，实施商标战略有利于建立起商品的良好形象、赢得良好声誉和信誉，为顾客创造出更多的商品价值；有利于将产品的品质和性能优势、服务质量优势转化为市场优势，增强产品和服务开拓、占领、巩固市场的能力；有利于促进各类生产要素向名牌产品、名牌企业聚集[③]。

改革开放以来，我国已基本建立了适应社会主义市场经济监管的商标注册和管理体制机制，基本组建了适应社会主义市场经济监管的商标干部队伍[④]，确保了商标事业得到快速发展，商标注册、运用、保护和管理的能力逐步提高，促进了经济社会又好又快发展[⑤]。实施商标战略具有如下具体的措施：

（1）规范商标使用，商标战略的实施，能够切实保护商标权人和消费者的合法权益。加强执法能力建设，严厉打击假冒等侵权行为，维护公平竞争的市场秩序[⑥]。

（2）支持企业实施商标战略，在经济活动中使用自主商标。

---

① 沙勇忠．论企业商标策略［J］．中国信息导报，1995（4）：30—31

② 广东省工商局商标课题调研组．实施商标战略对发展经济至关重要［J］．中国工商管理研究，2003（2）：38—41

③ 王礼全，龙建员．实施名牌带动战略加快培育发展贵州特色经济的对策研究（摘要）［J］．贵州农村金融，2002（2）：13—22

④ 付双建．贯彻落实《国家知识产权战略纲要》，大力推进商标战略实施［J］．行政管理改革，2010（1）：36—39

⑤ 李建昌．贯彻落实《国家知识产权战略纲要》，大力推进商标战略实施，加快《商标法》第三次修改进程［J］．知识产权，2010，20（1）：11—15

⑥ 佚名．集中执法资源提升商标保护效能——广东省对商标执法统一行动的新探索［J］．中华商标，2009（6）：54—56

引导企业丰富商标内涵，增加商标附加值，提高商标知名度，形成驰名商标[①]。政府应加大力度鼓励企业进行国际商标注册，维护商标权益，参与国际竞争[②]。

（3）发挥商标在农业产业化中的作用。积极推动市场主体注册和使用商标，促进农产品质量提高，保证食品安全，提高农产品附加值，增强市场竞争力[③]。

（4）加强商标管理。提高商标审查效率，缩短审查周期，保证审查质量。尊重市场规律，切实解决驰名商标、著名商标、知名商品、名牌产品、优秀品牌的认定等问题。

（二）知识产权战略

改革开放以来，我国经济社会持续快速发展，科学技术和文化创作都取得长足进步，创新能力不断提升，知识在经济社会发展中的作用越来越突出。经济的持续发展、与世界经济的进一步融合，使得我国正站在新的历史起点上，为了使我国企业更好地在世界经济中发展壮大，国家就需要大力开发和利用知识资源，这对于转变经济发展方式，缓解资源环境约束，提升国家核心竞争力，满足人民群众日益增长的物质文化生活需要，具有重大战略意义[④]。

2008 年 6 月 5 日，国务院发布了《国家知识产权战略纲要》，把知识产权战略上升为国家战略，决定实施国家知识产权

---

① 李瑞华．重视商标防御保护，不可忽视商标使用［J］．食品工业科技，2012，33（11）：28—29

② 刘德明，白文怀，春梅等．内蒙古农畜产品加工业知识产权发展战略思考（上）［J］．现代农业，2015（1）：87—88

③ 李建昌．实施商标战略，全面提升商标注册、运用、保护和管理水平［J］．中华商标，2009（4）：6—9

④ 中华人民共和国国务院．国家知识产权战略纲要［J］．北京周报：英文版，2011，54（34）

战略，包括专利战略、商标战略和著作权战略。商标战略是国家知识产权战略的重要组成部分①。知识产权制度是开发和利用知识资源的基本制度。知识产权制度通过合理确定人们对于知识及其他信息的权利，调整人们在创造、运用知识和信息过程中产生的利益关系，激励创新，推动经济发展和社会进步②。当今世界，随着知识经济和经济全球化深入发展，知识产权日益成为国家发展的战略性资源和提高国际竞争力的核心要素，成为建设创新型国家的重要支撑和掌握发展主动权的关键③。国际市场更加重视知识产权，更加重视鼓励创新。发达国家以创新为主要动力推动经济发展，充分利用知识产权制度维护其竞争优势；发展中国家积极采取适应国情的知识产权政策措施，促进自身发展④。

经过多年发展，我国知识产权法律法规体系逐步健全，执法水平不断提高。知识产权拥有量快速增长，效益日益显现。市场主体运用知识产权能力逐步提高。知识产权领域的国际交往日益增多，国际影响力逐渐增强⑤。知识产权制度的建立和实施，规范了市场秩序，激励了发明创造和文化创作，促进了对外开放和知识资源的引进，对社会经济发展发挥了重要促进作用⑥。但是，从总体上看，我国知识产权制度仍不完善，自主知识产权水平和

---

① 国务院关于印发国家知识产权战略纲要的通知（国发［2008］18号）［J］．宁夏回族自治区人民政府公报，2008（19）

② 冯晓青．企业技术创新与实施知识产权战略的法律运行机制研究（下）［J］．政法论丛，2011（5）：63—71

③ 吴树山，顾来红．试论发展我国知识产权循环经济［J］．现代物业旬刊，2009，8（3）：26—27

④ 成磊．我国启动知识产权战略［J］．大经贸，2008（7）：64

⑤ 苏江丽．我国版权产业发展的路径探析［J］．宜春学院学报，2010，32（5）：184—187

⑥ 中华人民共和国国务院．国家知识产权战略纲要［J］．北京周报：英文版，2011，54（34）

拥有量尚不能满足经济社会发展需要①，社会公众知识产权意识仍较薄弱，市场主体运用知识产权能力不强，侵犯知识产权现象还比较突出，知识产权滥用行为时有发生②，知识产权服务支撑体系和人才队伍建设滞后，知识产权制度对经济社会发展的促进作用尚未得到充分发挥。

实施国家知识产权战略，大力提升专利知识的发明、转化、保护和管理能力，有利于增强我国自主创新能力，加快建设创新型国家的步伐；有利于完善社会主义市场经济体制，规范市场秩序和建立诚信社会；有利于增强我国企业市场竞争力和提高国家核心竞争力；有利于扩大对外开放，实现互利共赢。因此，必须把知识产权战略作为国家重要战略，切实加强知识产权工作③。

（三）商标战略层次

商标战略根据不同的标准可有不同的分类。从商标战略的构成要素区分，可分为商标领先战略、商标差异化战略、商标最低成本战略、商标专一化战略。从商标战略的实施主体区分，可以分为国家商标战略、地方商标战略和企业商标战略。从商标标示的对象不同，可以分为商品商标战略和服务商标战略。从商标战略的内容和结构上区分，商标战略可以划分为微观商标战略和宏观商标战略。微观商标战略主要是指单个企业在运用商标确定长远任务和目标的战略，目的在于树立企业产品形象，形成良性循环的发展态势，并为之进行中长期的发展规划。宏观的商标战略

---

① 房德权．抓住机遇实现知识产权中介服务产业升级［C］．全面实施国家知识产权战略，加快提升专利代理服务能力——2011年中华全国专利代理人协会年会暨知识产权论坛．2011

② 宋金兰．美国知识产权战略的经验与启示［J］．经济视野，2013（16）

③ 张豫宁．“中国商标成就”宣传报道活动启动仪式举行［J］．中华商标，2010（5）

是以一级政府为主导，站在全局的和长远的视角上，以商标资源的发掘、培养、推广、提升为核心，结合本辖区各种产业经济的力量，形成协调统一，互相配合的发展格局，以充分发挥本辖区的产业及资源优势，提升本地区经济竞争力。而本书主要任务是构建商标战略实施评价体系，既涉及宏观意义上的商标战略，也包括微观企业层次的商标战略。

（四）商标战略实施

商标战略实施是一个动态的过程，包括商标战略目标的确定、战略的实施和战略实施效果的评价三个部分。

2009 年 6 月 2 日，国家工商行政管理总局印发《关于贯彻落实〈国家知识产权战略纲要〉大力推进商标战略实施的意见》（简称《商标战略实施意见》），提出了实施商标战略的战略目标，即到 2020 年，把我国建设成为商标注册、运用、保护和管理水平达到国际先进水平的国家。商标法治环境进一步完善，商标意识深入人心，市场主体注册、运用、保护和管理商标的能力显著增强，企业创新成果和合法权益得到有效保护，商标战略对经济发展、文化繁荣和社会建设的促进作用充分显现。并提出了商标战略实施的具体目标：

1. 商标保护制度更加完善

商标法律法规体系健全，确立与我国经济社会发展需要相适应的商标行政管理体制和运行机制。商标注册申请快捷方便，注册审查及评审科学高效，商标注册管理体制达到国际先进水平。商标权保护状况明显改善，商标使用行为更加规范，侵犯注册商标专用权行为显著减少。商标在构建统一、开放、竞争、有序的现代市场体系中发挥重要作用。

2. 企业自主商标拥有量进一步增加

我国企业国内和国际商标注册数量稳步增长。国内注册商标总量与我国总体经济规模相适应，市场主体拥有注册商标数量进一步增加；国际注册商标数量与我国的对外贸易地位相适应，拥有自主商标的出口产品和服务占对外贸易份额大幅提升。商标成为我国企业参与市场竞争和实施“走出去”战略的有力支撑。

3. 企业管理和运用商标的能力显著增强

企业商标管理制度进一步健全，维护商标权益的投入大幅度增加，运用商标参与市场竞争的能力明显提升，商标成为越来越多企业的核心竞争力和提高经济效益的重要因素，进而成为国家核心竞争力和综合实力的重要组成部分。

4. 全社会的商标意识普遍提高

各级政府高度重视商标工作，尊重劳动、尊重知识、崇尚创新、诚信守法的知识产权文化逐步形成，符合社会主义市场经济特色的商标文化基本建立。知识产权意识深入人心，自觉抵制假货的健康消费理念进一步增强。商标知识日益普及，各类商标专业人才队伍得到大力发展。尊重和保护商标的社会环境、文化环境、法治环境日渐改善。通过“商标富农”“商标兴企”发展品牌特色经济，成为我国转变经济发展方式、统筹城乡区域发展的重要手段，培育、发展一大批在国内外市场占有率高的知名商标①。

由以上分析可以看出，我国商标战略具有很强是现实意义，但由于我国经济起步较晚，商标战略的目标任重而道远。因此，为保证在2020年全面实现各项商标战略目标，《商标战略实施意见》将战略任务进行统一规划和总体部署，按照国民经济和社会发展五年规划时段，将战略实施总体上分为三个阶段：第一阶

① 李建昌．贯彻落实《国家知识产权战略纲要》大力推进商标战略实施加快《商标法》第三次修改进程［J］．知识产权，2010，20（1）：11—15

段，2009—2010年，在对各项任务进行分解，确定实施具体步骤的基础上，完成工作任务分工部署，确立各项战略实施的体系，全面启动各项任务的落实。重点：一是修改、完善商标法，二是探索和建立各项实施工作体制和机制，三是确保商标审查2010年解决积压任务的实现，四是建立完善的地理标志保护制度，五是大力开展战略实施宣传，六是规范商标代理服务行业。此阶段，战略实施已取得初步成效。第二阶段，2011—2015年，根据国民经济和社会发展“十二五”规划，在工作取得阶段性成果，总结前期经验的基础上，重点推进以下工作：一是大力提高企业商标运用、保护、管理能力，二是进一步普及公众宣传教育，三是完善商标审查、评审人员管理制度，四是提升信息化水平，五是完善法律法规。上述工作务求取得实质性突破。第三阶段，2016—2020年，根据地区、行业发展情况，分类指导，综合平衡，提高完善，全面实现各项战略目标。《商标战略实施意见》中明确提出，在各战略分阶段内，制定年度实施方案，每年末总结评估年度实施情况。

为促进商标战略实施，实现商标战略目标，在组织领导方面，国家工商总局成立商标战略实施领导小组，全面负责商标战略实施的组织领导工作。总局局长任领导小组组长，主管副局长任副组长，总局各有关司局、直属事业单位负责人为领导小组成员。领导小组下设办公室，商标局承担办公室职能，商标局局长任办公室主任。明确了商标战略实施领导小组主要职责。统筹规划商标战略实施工作，研究制定和调整商标战略实施意见以及年度实施方案；指导、督促、检查有关政策措施落实情况；协调解决商标战略实施过程中的重大问题；研究协调与商标战略实施工作有关的其他重要事项。细化了责任分工，各有关部门的责任分工由商标战略实施领导小组确定。各省、自治区、直辖市工商行政管理局结合本地区特点和实际情况，自行制定或推动本地政府制定区域商标战略，落实总局各项工作要求，有效开展实施工作。在经费保障方面，建立商标战略实施经费专项预算和拨付制度，保障战略实施工作的各项经费。

（五）商标战略实施过程中存在的问题

一是商标战略实施力度不够，制约了对地方经济拉动作用。很多地方政府能够充分认识到商标战略实施的必要性，也能够制定出较为合理的战略规划，但普遍存在战略实施方案无法有效执行的问题，从而导致战略目标无法实现，影响商标建设对区域市场竞争力和经济发展的拉动作用的发挥。

二是缺少有效的商标战略实施效果评价体系及评价方法。商标战略事业的发展，除了依靠国家的政策扶持之外，更重要的是依赖自身的科学管理。但是，我国还缺乏有效的战略实施效果评价体系及评价方法。在面对日趋复杂、多变的动态竞争环境过程中，无法准确判断政府推动的商标战略实施，以及企业战略实施效果，战略行动模糊，最终导致战略方向不清晰，战略目标无法实现①。

三是评价结果计算过程中缺乏实际值与目标值间的关联分析评价体系，而实际值和目标值作为一个科学、系统的整体，不可分割，内部指标间相互影响，相互作用。在商标战略实施效果评价体系中，最终的评价结果皆由简单的各层级指标加权所得，缺乏实际值与目标值之间的关联分析，没有考虑实际值与目标值的同步变化程度。计算过程中实际值与目标值之间关联分析的缺乏，容易造成评价结果失真，不利于评价商标战略实施效果，无

① 邱宏志．基于 BSC－GRA 的水力发电企业战略实施效果评价研究及应用［D］．重庆大学，2012

法满足管理部门进行评价的目的。

第二节 商标战略研究综述

一、国外商标战略研究综述

商标战略是20世纪90年代初兴起的一门新兴学科，它容纳了经济学科的精髓，西方发达国家在第二次世界大战后就开始了商标战略的实践活动。国外理论界最早将商标战略定义为“商标战略是现代企业的一种基本战略”，是通过对商标的精心选择和培育来提高其知名度，使其有效地传达企业形象和产品质量，增强企业市场竞争力从而为企业带来巨大经济效益①。

（一）美国商标战略的研究

美国于1870年颁布了第一联邦《商标法》，规定了商标的注册条件、使用以及保护，清楚认识到商标品牌已经成为企业产品、服务质量和企业形象的载体②。商标在美国知识产权战略中占有重要地位，美国总统卡特在1979年提出“要采取独立的政策提高国家的竞争力，振奋企业精神”③，第一次将知识产权战略提升到国家层面。2002年美国商标专利局发布了21世纪发展战

① 刘建华，李庆娟，姜洪臣．论品牌形象在企业发展中的作用［J］．科技与管理，2006，8（3）：79—81

② 张凯．哈尔滨市知识产权战略研究［D］．哈尔滨工业大学，2005

③ 国家知识产权局：http：//www. sipo. gov. cn/dtxx/gw/2005/200804/t20080401_352821. html

略纲要。用知识产权来保护整个美国经济，推动美国经济的发展[①]。美国企业已经把保护商标作为一个长期的日常工作来做，对商标有强烈的运用性和保护性。

美国著名专家拉里·莱特（Larry Light）对商标的重要性进行了研究，认为企业应该把品牌视为最有价值的资产，拥有市场比拥有企业更为重要，拥有市场的唯一途径是拥有占据市场主导地位的品牌，而品牌的核心是商标[②]。商标战略就是企业为获得与保持市场竞争优势，运用商标法律制度提供的保护手段，以达到树立企业形象、促进产品或者服务占领市场的总体性谋划[③]。

詹姆斯·厄尔·卡特（1979）在其著作中指出：一个国家要想方设法通过正规渠道，增强市场竞争力，促进重点企业的核心凝聚力，同时要高度重视知识产权战略，有必要将其上升至综合实力的有关层面[④]。

哈默尔和 C. K·普拉哈拉德在 1990 年于《哈佛商业评论》上发表了“公司的核心竞争力”一文，他认为只有提高商标知晓度，才能提高产品的最终市场份额，可见想要提高经济竞争力首先就要塑造商标，然后以商标战略带动企业经济竞争力的形成。商标不仅意味着优良的商品品质和较高的企业信誉，还意味着广泛的市场占有率和超常的创利能力，它是企业生产管理、技术水平及企业信誉在商品上的综合反映。商标的信誉越高，产生的商品附加值就高，为企业带来的经济利益也会越多，对企业乃至国

---

① 孙焱．中国商标法律保护制度与自由贸易政策的平衡［D］．对外经济贸易大学，2005

② 何涛．浅谈品牌建设的若干因素［C］．河南省有色金属学会，2012

③ Roos G, Roos J. Measuring your company's intellectual performance［J］. Long range planning, 1997, 30（3）：413—426

④ Fradet Y, Lockhard C. Performance characteristics of a new monoclonal antibody test for bladder cancer: ImmunoCyt trade mark［J］. The Canadian journal of urology, 1997, 4（3）：400—405

家经济竞争力的提升作用也会越来越大。

（二）欧盟商标理论研究

欧盟属于西方发达国家的有机统一体，其应对复杂的市场环境，执行目标一致的商标法一直处于世界领先水平，主要经历了三个阶段。第一阶段，缩小立法差距。欧盟国家为了统一市场需求，推动欧盟经济，在 1984 年执行了有关商标法的全部修正与更改工作，同时颁布了《缩小成员国商标法差别的指令》。第二阶段，统一商标法。1994 年，欧盟国家颁布、执行了《欧共体商标条例》（Regulation On The Trade Mark），这是欧盟国家的第一部商标法，同时设置了专业机构，负责调整市场需求与国家标准（Offer For Harmonization In The Internal Market）。第三阶段，完成国际的合作。欧盟国家于 2004 年申请《马德里议定书》，并取得成功，努力践行了欧盟统一商标的想法，同时完成了国际的合作，提高了国际影响力。

欧盟国家通过若干商标法律、法规的制定已经形成了一个统一的欧洲商标保护机制。在这些法律和政策的带动下，培育了一大批拥有国际竞争力的大企业、大品牌，如奔驰、宝马、西门子等。构筑起欧盟各国在本行业研发、生产、销售的龙头地位，在这些大企业的带动下，欧盟形成了有其自身特色的国际竞争优势。不管是国家还是企业想要发展壮大，发展自身的竞争力是必不可少的一项功课。所谓竞争力，简单地说就是市场经济中经济主体争夺资源和市场份额的能力。竞争力并不是一蹴而就，而是在漫长的发展过程中逐步成熟和提升的。

目前，在欧盟商标品牌领域的协调和统一已经达到了一个相当高的水平。在欧盟各国商标保护制度建立之初，商标法规更多的是保护工业产品，随着国际贸易的进一步发展，商标权也成为重点保护对象。欧盟学术界一致认为城市新一轮的发展必须抓住知识产权这个关键，提升政府在商标领域主动服务能力，充分调动公共资源，从而提高经济竞争力。

（三）日本商标理论研究

日本通过借鉴、参考其他西方国家的商标战略内容，使得他们发展商标战略在亚洲是最为靠前的。一方面，建立相应的法律法规，将与商标有关的各项内容纳入法律。日本于 1959 年制定《商标法》，截至 2005 年，已经经过了六次修订。另一方面，建设相应的机构。日本于 2003 年 3 月建成了商标统一负责的机构，这个机构叫知识产权本部。本部对日本的知识产权及开展对策进行了完善部署。

关于日本商标战略相关研究有代表性的研究有以下几个，高桥明夫（1990）对企业的专利战略是如此定义的：专利战略是对企业研发、专利活动所进行的一种保护，从而发挥出专利的作用。荒樋久雄（2002）[①] 将日本荣获专利最多的前十跨国企业进行了精心的研究与探讨后，得出："知识产权已经融入到了各种战略之中，比方技术战略、信息战略、经营战略、国际发展战略等，这一套战略依然形成了一种动态的战略体系。"儿玉文雄（2011）将知识产权战略评价指标分成两种类型，一类是定性指标，另一类是定量指标，这种分类方法对评价企业的知识产权提供了理论基础[②]。

日本现行的《商标法》是 1959 年 4 月 13 日制定的，期间经

---

① Arahi H. Consideration of the Excavations from Architectural Viewpoint—Where the Buddhist Statues were Originally Installed? ［J］. Renaissance Culturelle Du Cambodge, 2002, 19: 65—106

② 唐杰，周勇涛. 企业知识产权战略实施绩效评价研究［J］. 情报杂志，2009, 28（7）：55—60

过了数十次的修改，经过频繁修改后的日本《商标法》一方面反映了日本经济的变化和发展趋势，另一方面表明了日本的商标战略很注重与国际接轨。一系列配套的法律法规的实施，促进了日本经济的发展，也使该国企业具有良好的商标运用意识和保护意识。

另外，2002 年《知识产权战略大纲》在日本制定并实施，此大纲作为该国的国家战略之一，由四个部分组成，这四个部分明确表现出要以商标战略即知识产权立国兴邦。

总的来说，日本商标品牌的竞争力仅次于美国，又有自己的特色，既有西方的发展理念，又包含很多东方文化色彩。目前，商标已经成为日本企业进行竞争的有力武器，一般日本企业都将商标问题放于战略位置，在企业成立之初或产品开发之初，就制定好长期商标战略，努力创造名牌。日本学术界普遍认为挑战严峻的市场竞争必须要以商标战略为突破口，增强核心竞争力，从而实现可持续发展。日本各大企业还注重加强企业商标品牌的法律保护，无论采取怎样的商标品牌架构，在其内部都始终坚持法律的全程参与，自觉地把国家商标品牌的法律要求落实到企业商标战略的各个环节。

二、国内商标战略研究综述

与国外相比，我国企业对商标权的运用还比较缺乏，如何正确构建商标战略体系，最大限度地占据市场资源，成为国内众多企业十分关注且急需处理的问题。为了早日得到法律的支持和保护，国内各个企业加快申请、注册商标的节奏和步伐。同时，随着我国《商标法》的出台，一些企业和社会大众开始逐步认识商标、了解商标的作用、意识到商标的重要性。20 世纪 90 年代初期理论界才意识到商标及品牌商标是一个战略性问题。特别是

2008年6月5日，国务院发布了《国家知识产权战略纲要》，决定实施国家知识产权战略，知识产权战略上升为国家战略。2009年6月2日国家工商行政管理总局印发的《商标战略实施意见》极大地推动了我国商标事业的发展，商标战略研究也引起了社会各界关注，理论界也才有了这方面的研究。这些研究结论概括如下：

（一）商标战略内涵研究

沙忠勇[①]在《论中国企业商标策略》中指出，我国理论界最早将商标定义为“现代企业的一种基本战略，主要通过对商标的精心选择和塑造，来提高产品的知名度，使其能传达企业的形象和产品，从而提高产品的市场占有度。”这一说法虽然包含了商标战略的实质，但是仅仅是一些表象，内涵不深。何敏[②]（2006）在《企业知识产权与管理实务》中认为商标战略制定者是为了本身长远利益和发展，运用商标战略提供的法律保护，在市场竞争中谋求最大利益。这一说法一经提出，就引起了管理学界和企业界对商标战略研究的极大兴趣。

（二）商标战略实施现状研究

张凤凉、张犁军（2009）在《浅析我国企业品牌战略的现状及提升对策》中对我国商标战略实施问题进行了分析研究认为有以下问题：一是国内企业商标、品牌意识淡薄，缺乏长远战略规划。很多企业认为商标、品牌战略只不过是给产品起个响亮的名字，然后再在媒体进行大肆宣传，完全没有意识到创造品牌和经营品牌的重要性。商标战略是一个长期的、有规划的行为，不是

① 沙勇忠．论企业商标策略［J］．中国信息导报，1995（4）：30—31

② 何敏．企业知识产权管理战略［M］．法律出版社，2006

一种短期行为。企业要围绕品牌做策划、做管理，单纯打广告只是一种营销行为，不是企业发展的长久之计。二是国内企业商标、品牌发展往往存在短期行为。一些企业只注重在前期进行广泛宣传，以此提高知名度和影响力，却忽视了产品质量提升这一生存根本，最终被市场淘汰。三是国内企业品牌竞争往往靠打价格战。同类产品之间的竞争没有在提升质量上下功夫，仅仅依靠打价格战取胜，销量一时间是攀升了，可是对企业后续发展所产生的不良影响却是致命的。四是国内企业缺乏科学而有效率的品牌管理。要解决这些问题必须首先树立强烈的商标战略意识，意识到商标和商标战略的重要性；其次要根据自身实际选准战略品牌的市场定位，根据不同消费人群细分市场，制定出详细的适合自己企业的运作规范，不断研究市场中出现的新变化。汪琦鹰、杨岩（2007）在《企业知识产权管理实务》一书中指出，企业在参与国内、国际市场竞争中，必须遵循“品牌营销、商标注册先行”的重要准则，对企业的重要商标和知名商标进行防御性注册，构筑起完整的保护网络。要有商标保护意识，加大对已有商标的保护力度。经营一个商标要付出巨大的努力，如果不注重保护，心血会在瞬间付诸东流，我国有多少知名商标因为不注重保护，被人恶意抢注，给自身造成了毁灭性损失。

（三）商标战略作用研究

李建昌（2010）研究了商标战略对企业具有引导带头作用，综合分析了当前市场形势，发表了《论商标战略的核心引导作用》，主要对商标品牌的引导作用做了详细的探讨。所谓商标品牌的引导战略，是指根据企业的发展状况，制定符合企业可持续发展的市场战略，综合提升企业应对市场风险和正确运用商标品牌的管理能力。商标战略的核心引导作用，就是通过企业主动申报商标资质，树立品牌效应，进一步强化产品质量，增强市场竞争力。从更长远的企业竞争上来讲，品牌的树立，不但激发企业的凝聚力和创造力，突出企业的资源优势，更能增强企业在国际市场中的地位。

董艳梅[①]（2004）对云南农业经济市场考察后，指出农产品品牌对农村经济具有带动作用。研究发现，基于云南标志性建筑物与特色农产品出发，无论是在引入商标品牌理念上，还是日后对商标进行管理上，都有很强大的优势，充分概述了商标品牌对推动农村经济发展的重要意义。同年，王战平[②]（2007）在《大力推进农副产品商标战略倾心服务社会主义新农村建设》中提到："深入实行农产品品牌战略，应该引起党委、政府部门的重视，因为它不仅可以解决温饱，增加收入，更能改变农村面貌，带动农村经济腾飞。"

冯晓青[③]（2015）在《企业知识产权战略》一书中提出，随着商标战略理论研究的不断深入和在社会上、企业中的不断运用，在为企业带来丰厚利润的同时，理论界对商标战略的研究也不断深入，取得了阶段性成果。商标是关乎企业命运的战略性问题，而我国的自主商标发展比较薄弱，这一事实与我国的贸易地位不相符，对经济发展的贡献率较低。

（四）商标战略制定与执行

付双建（2010）曾指出："在贯彻落实商标注册的同时，商标法正在逐渐完善，标志着我国在商标管理上取得了突破性进

① 董艳梅．云南实施证明商标战略的选择［J］．云南财经大学学报，2004，20（1）：94—97

② 王战平．大力推进农副产品商标战略　倾心服务社会主义新农村建设［J］．中国工商管理研究，2007（6）：70—72

③ 冯晓青．企业知识产权战略［J］．中国石油企业，2005：122

展。”在《国家知识产权战略纲要》中，明确地对2020年之前企业的商标战略做了总结性分析，并对不同产品的商标战略做出具体规划。笼统地讲，国家大环境下商标战略目标已确立，各地方、各企业的商标注册及管理情况有待进一步完善和落实。吴汉东、周俊强[①]（2010）针对当前地方商标保护政策，发表了他们独特的见解，指出地方保护商标政策，是建立在国家商标法的基础之上的，任何违反商标法的有关行为都要受到法律的严格制裁，提高了法律的监督和实施能力。耿丽辉[②]（2007）基于法律专业理论出发，系统概括了法律理念对商标管理的指导作用。不但如此，为了确保在商标管理上有法可依，也要严格按照《商标法》里面的相关规定执行。

（五）商标战略与竞争力关系研究

我国对竞争力的研究始于20世纪80年代，进入90年代后半期，对竞争力的研究出现了一股热潮。有国家竞争力、区域竞争力和经济竞争力研究等，经济竞争力是从国家竞争力中延伸出来的概念。国内理论界一般将竞争力定义为参与者双方或多方的一种角逐或比较而体现出来的综合能力。竞争力是一种相对指标，必须通过竞争才能表现出来，笼统地说，经济竞争力有大有小，或强或弱，但真正要准确测度出来又是比较难的，竞争力是对象在竞争中显示的能力。因此，它是一种随着竞争变化着的有通过竞争而体现的能力。竞争力包含在对象的现在，但它是对象未来可以展示的能力，要测定竞争力需要确定一个测定目标时

---

① 吴汉东，周俊强．地方商标战略及其制度完善——以《湖北省著名商标认定与促进条例》的制定为例［J］．江汉论坛，2008（8）：130—132

② 耿丽辉．从《商标法》谈企业的商标战略［J］．内蒙古科技与经济，2007（6）：30—31

间。经济竞争力，是指为其自身发展而进行资源优化配置的能力，即通过合理的利用和安排自身资源使其发挥更大的功效。

三、商标战略研究的必要性

（一）商标战略现有研究不足

1. 商标战略研究还不充分，理论对实践的支撑性不足

根据对现有文献分析，我国从 20 世纪 80 年代开始重视对公司战略的研究，同时在宏观领域，国家战略、区域战略研究也逐渐丰富，但是商标战略方面的研究尚处于起步阶段，现有研究数量较少，在高层次学术期刊上发表更是不多。随着我国知识产权战略上升为国家战略，商标战略的学术研究逐渐丰富，但缺乏系统性，研究体系不完整，对商标战略制定、实施和评价等实务支撑不够。

2. 商标战略规划和实施研究多，战略实施效果评价研究少

战略实施效果的评价是战略目标得以实现的基础，是战略过程调整和纠偏的前提，没有战略实施效果评价的战略实施，就如同在大海中航行的巨轮，失去舵手和方向，无法到达目的地。在商标战略的研究文献中，绝大多数研究集中在商标战略的规划和实施环节，对于商标战略实施效果的评价，研究较少，还没有有效的评价方法和手段。

3. 商标战略实施效果评价研究中，过程指标研究多，效果指标研究少

在实践中，部分地区构建了指标体系评价商标战略实施效果，对当地商标战略实施起到了一定的引导作用，促进了商标战略实施，但进一步分析发现，这些使用中的指标体系，更多地体现了商标战略实施效果的过程，而对于商标战略实施的结果和效果评价的指标较少，这影响了商标战略实施效果评价的全面性和

系统性。

（二）商标战略实施效果评价的必要性

商标战略实施效果评价是在实施主体上一个阶段的战略实施结束后，下一阶段战略实施前进行。商标战略实施效果评价是战略控制的基础，用以发现战略实施与战略规划的偏差，为战略控制提供依据，为下一阶段战略实施方案的调整提供参考。商标战略实施效果评价本质上是一种特殊的战略管理系统，它从战略的角度研究商标战略管理的短期行动与长期发展间的关系，针对商标战略实施效果做出全面、系统、准确的评价，用以达到评价商标战略实施效果的目的，能够为国家、地区和企业商标战略指明未来发展方向。随着商标战略实施的深入，实施效果评价必将融入整个商标战略管理过程中，以实现战略目标为导向，在传统实施效果评价的基础上完善和拓展指标体系，最终形成体现我国商标战略目标要求、拉动地方经济发展的核心竞争力和成长能力的动态实施效果评价。商标战略实施效果评价的必要性主要表现在：

第一，商标战略实施效果评价能够提高国家、地区和企业商标战略管理水平，引导商标战略发展方向，增强市场竞争力，拉动经济发展。

第二，商标战略实施效果评价能够增强政府引导、监督作用，能够提高企业战略管理水平，增强战略执行力，从而促进产业转型升级。

第三，建立商标战略实施效果评价体系，开展战略实施效果评价，根据评价结果，不仅可以总体监控战略实施效果，还可以全方位地分析战略实施过程中人、财、物等资源的配置问题，从而建立有效的激励和约束机制，确保资源的优化配置，促进经济发展。同时，能够增强企业自身竞争优势，最终达到提高企业自身效益的目的。

第三节　商标战略评价指标体系综述

一、评价指标体系研究的现状

指标体系构建研究丰富，但有关商标战略实施效果评价指标体系的研究还有待加强。指标体系构建是社会学科中常用的衡量经济、社会和文化发展水平的方法和手段，对现有国内文献检索，有 4 000 多篇硕博论文和大量的期刊论文进行了较为详细的研究。但有关商标战略实施效果评价的指标体系（无论是微观的企业层次，还是国家、地区层次）的研究几乎处于空白。但是，现有有关指标体系研究的思路、方法、和过程为本书研究提供了方法论基础。例如，指标筛选方法（德尔菲法、Vague 集法）、指标权重设置方法（AHP 法、NHP 法）。指标体系构建是社会学科中常用的衡量经济、社会和文化发展水平的方法和手段，对现有国内文献检索，有 4 000 多篇硕博论文。

战略实施效果评价研究在战略管理研究和实务中处于重要地位，但相关研究较少。因为效果评价涉及多方面，战略实施效果评价难度较大，导致现有研究主要集中在战略制定、战略实施环节多，战略评价研究少的现象。通过对现有文献整理，涉及战略是实施效果评价的硕士论文有 8 篇，博士论文还未发现，期刊论文也相对较少。在为数不多的文献中，主要集中在微观的企业层次研究，国家和地区层次的研究几乎没有。商标战略研究中，硕博论文涉及 18 篇，主要是硕士论文，其中企业层次研究较多，基于区域和政府管理视角的研究较少。

我国知识产权战略已经上升为国家战略，国家和各地区投入大量人财物，推进商标战略的实施，我国商标事业已经取得长足的进展，但商标战略实施效果评价的理论研究还相对滞后，亟待建立有效的商标战略实施效果评价体系。

二、指标体系研究存在的问题

自国务院发布了《国家知识产权战略纲要》（2008年6月5日）、知识产权战略上升为国家战略后，作为知识产权战略组成部分的商标战略的相关研究逐渐升温，但是现有研究仍有很多薄弱环节值得关注。尽管针对商标战略规划与实施的研究已经取得了一定的理论和实践成果，但是战略实施效果的评价方面研究还没有取得实质性进展，对我国商标战略的稳步推进和系统调控都产生了一定的影响。例如，国家每年在推进商标战略实施中投入大量的财力、人力和物力，但投入产出效果如何、哪些方面存在薄弱环节以及资源配置结构是否合理等还缺乏有效的评价机制。

战略实施效果评价存在的问题主要有以下几个方面：

首先，多是选择同样的指标，评价同质化现象严重。基于数据自身特点动态调整指标，针对不同区域开展差异化评价的思想尚未出现。我国幅员辽阔，不同地区的经济基础、商标发展水平、社会状况各有差异，商标战略实施效果的评价不能一概而论。多使用同样的指标体系评价不同的区域，使得全国不同地区的商标发展水平具有可比较性和找到薄弱环节，找到战略实施的重点和难点①。

其次，多是主观选择指标，现有的研究多是主观选定指标，

① 曹蕾．区域生态文明建设评价指标体系及建模研究［D］．华东师范大学，2014

带有很大的主观性，降低了评价结果的可靠性。而通过数学模型定量分析指标适用性，尽可能客观的选择评价指标，但又存在着片面性，容易以偏概全。商标战略实施效果评价涉及面广，不同的研究人员有不同的理论基础，导致研究指标选择主观性较强，评价结果不够客观。

最后，多是单独评价区域商标战略实施效果评价的某一个领域，而将整个商标战略实施效果评价作为一个复杂系统全面、细致考查的研究较为少见。商标战略实施效果评价作为一个复杂系统，其在某一领域的表现无法体现出复杂系统的特质，必须通过综合性的研究才能全面把握。

总之，商标战略上升为国家战略之后，我国大力推进商标战略的实施，人、财、物投入逐年增加，商标事业发展迅猛，对经济的促进作用也越来越显著。但投入产出效果如何、各地采取多样化的方式促进商标战略实施，哪种模式更适合、我国不同地区商标发展水平高低和发展潜力以及在国内所处的位次如何等问题还处于感觉和主观判断阶段，还没有一套兼顾主客观的系统性评价指标体系。

第四节　商标战略研究方法综述

一、科学问题与基本思路

基于文献梳理，有理由认为当前商标战略实施效果评价虽取得了一定的成果，但仍有很多理论和实践研究的薄弱环节。尤其是我国商标战略实施效果评价经过了这几年的快速推进，已经到了回顾、整理、审视和总结的重要阶段，迫切需要知道商标战略实施效果评价到底处于什么水平。由此，可以提炼出一个大的科学问题：如何科学准确地评价商标战略实施效果。

在比较了众多研究成果以后，本书选择使用综合指标体系评价的方式。那么，这个科学问题又可以具体到两个小的问题：

第一，如何建立科学合理的评价指标体系。该指标体系不仅能满足全方位评价的要求，还能动态适应，实现差异化评价①。

第二，如何构建准确高效的评价模型。该评价模型不仅能静态评价商标战略实施效果评价的水平，还能动态分析商标战略实施效果评价的时空演变。

面对以上两个问题，本书研究的基本思路是：理论梳理和实践经验—备选指标库—筛选指标—指标赋权—模型评价。根据研究思路，以“提出问题、分析问题、解决问题、应用检验”为主体结构。一般指标体系模型构建过程包括：指标库汇总、指标筛选、指标独立性检验、指标赋权等，采用的研究方法包括文献综合分析法、调查法、主观判断法、定量分析法等。商标战略实施效果评价是个复杂工程，涉及商标战略实施的各个方面。通过调研、文献整理、专家咨询等方式初步建立起商标战略实施效果评价指标的备选库，所含指标涵盖了商标战略实施效果评价的各个方面，指标数量太多，在实际应用中会造成一系列问题，降低了整个评价系统的实用性。因此，有必要建立一套有效筛选指标，精简指标集，提高指标可靠性和有效性。同时，选取更为科学合理的方法为指标体系确立权重，尽可能避免赋权过程的主观性和随意性，提高商标战略实施效果评价结果的科学性。做到以上几个方面必须完成以下工作。

第一步，通过理论分析厘清商标战略实施的内涵、特征，深

① 綦方中，翁潇彬，潘晓弘．一种基于模糊综合评价法的动态联盟绩效评价方法［J］．科技进步与对策，2006，23（4）：110—113

入理解商标战略实施效果评价的关键问题，为后期选取和进一步筛选指标提供指导思想；在理论基础上，综合多方面的考虑，建立起一个能面向大部分的商标战略实施效果评价指标库。

第二步，构建一个指标筛选模型，能够从样本值的数据序列结构中提取出指标包含的信息，以此为依据从备选库中挑选出适合特征的指标，从而真正实现客观选取指标，差异化评价不同的目标。

第三步，对指标体系的独立性检验方法，根据独立性差异，明确指标赋权方法。

第四步，指标赋权方法。构建不同的商标战略实施效果评价评价模型，深入挖掘出指标体系中所包含的信息。其中，筛选指标和赋权是指标体系构建模型的核心。

第五步，商标战略实施效果评价方法。通过这一系列的过程，展开全面的评价分析①。

二、常用的指标筛选方法

评价模型中，指标过多就很难保证指标体系的简洁高效，容易出现指标信息冗余，影响模型评价效果和反应速度。因此，通常都需要对指标集进行筛选。模型指标筛选从数学角度解释，本质是数据降维。实际工作中，维度太高在计算中容易使拟合假设过度复杂，显著度降低，处理速度缓慢，甚至完全失真。因此，在数学建模和数据挖掘领域，降维表达一直是重要的研究命题。总结起来，最常用的有 3 种方法，专家主观评判法、数理统计筛选法、知识挖掘筛选法。

① 李刚．基于科学发展观的人的全面发展评价模型及实证研究［D］．大连理工大学，2010

（一）专家主观评判法

专家主观评判法，是通过调查表、会议等形式咨询相关领域专家，依据专家意见对指标赋予权重，最终确定指标体系[①]。常见的专家主观评判方法主要有 Delphi 法、AHP 法、Vague 集法等。Delphi 法在年兰德公司首次采用以来，因为能充分利用专家的知识和经验，将多个领域的专家意见集思广益，可以有效避免决策的片面性，而得到了广泛的应用（何贤杰等，2006；谭元戎等，2012；周泽炯，2010）。AHP 法是一种定性和定量相结合的分析方法，能有效处理复杂的决策问题，受到广泛的重视（徐建华，2006），应用已遍及经济、环境、能源、军事、农业、医疗等各个领域（曾嘉等，2002；丁蕾等，2006；贾生华等，2008）。Vague 集法也是一种主客观相结合的筛选方法，融合所有专家的判断，能处理模糊不确定的主观定性指标（要瑞璞等，2009），有很强的实用性，近几年应用发展得很快。

由于需要专家的主观判断，这类方法的缺陷也是与生俱来的。德尔菲法由于主观性过强且过程复杂，专家往往不能投入足够精力对待，并不适用于我国商标战略实施效果评价这样的复杂问题，更不适合本书提出的建设高效科学可靠的评价系统的设想。以层次分析法为代表的一类主客观结合方法，虽有改善，但仍无法摆脱其主观性问题，因此通常都会与其他方法结合起来使用，并取得了一定进展（刘卫东，2005；魏兴萍，2010；张翕等，2010；周泽炯，2010）。

（二）数理统计筛选法

数理统计筛选法完全依靠统计数据进行客观定量分析，以数

---

① 邹琦．科技成果奖励评价方法研究［D］．湖南大学，2007

据自身所反映出来的特征筛选指标，主要包括主成分分析法、相关系数法、条件最小方差法、线性差别分析法、逐步类回归法、偏最小二乘法等①。这类方法包罗万象，数量众多，普遍应用于社会生产生活各个方面，是最常见的一类定量分析方法。依据统计方法的不同，这类方法符合指标筛选的逻辑思想，多简单易操作，在处理指标重要性方面各有特长。核心思想是建立多元统计回归模型，通过考察数据变化引起的函数变化程度，提取出具有更大影响力的指标。

但是，这类方法在机理上也有一定的局限性。例如主成分法虽然能降低指标集的维度，但只是提取了指标的主要特征，原始指标线性组合形成的新指标往往不具备科学的含义，难以解释。这类方法建立在线性回归的基础上，对于非线性问题的处理效果往往不太好。商标战略实施效果评价显然是一个非线性的复杂系统，因此，本书没有考虑选择数理统计类的指标筛选方法。

（三）知识挖掘筛选法

知识挖掘筛选法，是在专家主观评判的基础上，利用数学模型对评价指标所包含的信息进行深入挖掘，寻找评价指标和指标筛选结果之间的内在规律，实现指标体系的智能化评价和筛选的方法，比较常见的有粗糙集分析、灰色关联分析、神经网络分析等。

粗糙集是一种处理不确定数据的新方法，能从较少的原始信息中利用等价关系划分对象集合，降低数据维度，机理科学清晰。目前在指标筛选领域已经有了推广应用（何桢等，2011；李远远等，2010；郑学敏，2010），主要原理是通过索指标对粗糙

① 罗纯．基于成分数据若干分析方法的研究［D］．中南大学，2011

集分类结果的影响和作用，进而确定指标约简和重要性，并提炼指标与评价结果之间的规律性知识。粗糙集方法还在不断发展中，处理动态的、大型的数据库效率较低，也有一些学者将其与其他方法结合起来处理指标评价问题①（赖红松等，2011；王耀斌等，2012；翟治芬等，2012）。

灰色系统理论是邓聚龙教授首创的一种系统科学理论，灰色关联分析通过拟合指标数据变化，考察变化曲线集合形状的相似程度，判断因素间关联程度②。目前灰色关联度已经广泛地应用于社会经济各个方面，在指标分析方面也取得了较好的应用效果（罗上华等，2003；吴亓亚等，2003；张凤太等，2008）。灰色关联度应用于指标筛选操作简单，对数据要求小，但是灰色关联度的结果只具有相对意义，缺少明确的临界值，使指标筛选具有较大的随意性，理论上不具备严格的规范性（郭基联等，2002）。

神经网络方法是通过模拟人类大脑工作的原理，利用非线性函数模拟输入输出之间的关系，已经广泛应用于多个领域。将神经网络模型应用于指标筛选中，是通过分析自变量在一定范围变化时函数值相应变化的情况，利用变化大小来衡量指标的影响程度，目前应用较多的是样条神经网络等（冯寄明等，2006；甘敬等，2007；尚虎平，2011；刁勤等，2011）。利用神经网络筛选指标不依赖线性回归，实用性强，使用简便，筛选效率高，缺陷就是需要数据训练网络，没有明确的输入输出变量无法实现。

（四）其他方法

除了以上常用方法外，现在越来越多的新方法、新模型被引

---

① 李远远，云俊．粗糙集理论在综合评价中的应用研究［C］．中国管理科学学术年会．2009

② 孙玉刚．灰色关联分析及其应用的研究［D］．南京航空航天大学，2007

入指标体系建设的应用中。这些方法虽然筛选指标的能力都很强，但是其机理上的不同造成适用范围的区别。例如，核函数筛选方法是利用核函数的思想将求向量点积的形式转化为求函数值的形式，具有较强的非线性分析能力（程砚秋等，2011；冯永欢等，2010；童新安等，2009），但是选择核函数具有较大的随机性，没有通用的客观标准。特征值筛选方法（厉红梅等，2001；王胜利等，2009）通过计算数据空间内指标点的距离实现降维，算法成熟，但是理论复杂，专业性强，对使用者的要求很高，同时算法对数据质量要求高，计算量大费时。另外，熵权法（贾艳红等，2007；张凤太等，2008）作为常用的一种指标赋权方法，通过信息熵计算出各指标权重，也可以用来筛选指标，应用也较为广泛，但是在实际应用中难以保证客观性，尤其在复杂系统的多指标环境下使用不方便。

通过分析以上指标筛选的方法，可以发现这些方法各具特点，优势和缺点都比较鲜明。方法本身没有绝对的优劣，只有选择适合分析对象的方法才是好的方法。商标战略实施效果评价是个复杂的系统工程，具有不确定性、动态性和非线性等特征，标识该系统的指标体系也具有高度非线性、不确定性等特点。要结合以上各种方法的特点和适用情况，考虑已经建立的商标战略实施效果评价备选指标库的具体情况，综合数据维度、实用性、理论性和应用效果几方面因素实现商标战略实施效果评价指标体系的筛选。

三、指标独立性分析方法

指标的独立性，是指标间自由变动而彼此不受牵制的性质，指标独立性的高低取决于指标之间重叠度的大小，指标间的重叠体现在信息的重叠或内涵的重叠。根据指标重叠的共性，重叠的指标必相关，重叠程度越大，相关程度越高。因此，指标之间的高相关性是判别指标重叠的必要条件。指标之间的独立性程度可以表示为：

$$\alpha_{ij}=1-r_{ij}$$

式中：α_{ij}表示指标 i 与指标 j 之间的独立度，即 i 与 j 之间的独立程度；r_{ij}表示指标 i 与指标 j 之间的相关关系；j 与 r_{ij}均在 0—1 之间变化。在构建评价指标体系时，指标之间的独立性越大越好。r_{ij}越小，表示指标之间相关性越弱，独立性越好，构建出来的评价指标体系越可靠。因此，可以通过考察指标的相关性，来确保选取的指标科学合理。在查阅相关文献（迟国泰，2012；刘永锁，2004；张昆，2012）以后，按照一般惯例，将指标相关性高于 90% 的定义为重复指标，并予以合并。

相关分析是研究变量之间密切程度的一种常用的统计方法，通常使用相关系数指标描述变量线性关系程度和方向的统计量。在上述分析过程中，本研究涉及的指标不属于正态分布的等间隔测度的变量，因此用秩相关分析方法。秩相关系数，是将两指标的样本值按数据的大小顺序排列位次，以各指标样本值的位次代替实际数据而求得的一种统计量。实际上，它是位次分析方法的数量化，计算得到的相关系数的绝对值越大，表明相关性越强。

秩相关系数公式：

$$r_{xy}=1-\frac{6}{n(n-1)}\sum_{i=1}^{n}(R_i-Q_i)^2$$

其中，R_i 是指标 X_i 在（X_1，X_2，X_3，…，X_n）中的秩，Q_i 是指标 Y_i 在（Y_1，Y_2，Y_3，…，Y_n）的秩。

四、常用的指标赋权方法

（一）主观赋权方法

主观赋权评估法采取定性的方法，由专家根据经验进行主观判断而得到权数，然后再对指标进行综合评估。如层次分析法、专家调查法、模糊分析法、二项系数法、环比评分法、最小平方法、序关系分析法等方法。其中，层次分析法是实际应用中使用得最多的方法，它将复杂问题层次化，将定性问题定量化。主观赋权方法的优点是专家可以根据实际问题，较为合理地确定各指标之间的排序，也就是说尽管主观赋权法不能准确地确定各指标的权系数，但在通常情况下，主观赋权法可以在一定程度上有效地确定各指标按重要程度给定的权系数的先后顺序。该类方法的主要缺点是主观随意性大，选取的专家不同，得出的权系数也不同。因而，在某些个别情况下应用一种主观赋权法得到的权重结果可能会与实际情况存在较大差异。这一点并未因采取诸如增加专家数量、仔细选取专家等措施而得到根本改善。

（二）客观赋权方法

客观赋权评估法是根据历史数据研究指标之间的相关关系或指标与评估结果的关系来进行综合评估。主要有最大熵技术法、主成分分析法、多目标规划法、拉开档次法、均方差法、变异系数法、最大离差法、简单关联函数法等。其中，最大熵权技术法用得较多。这种赋权法所使用的数据是决策矩阵，所确定的属性权重反映了属性值的离散程度。常用客观赋权法的原始数据来源于评价矩阵的实际数据，使系数具有绝对的客观性，根据评价指标对所有的评价方案差异大小来决定其权系数的大小。这类方法的突出优点是权系数客观性强，但没有考虑到决策者的主观意愿且计算方法大都比较烦琐。在实际情况中，依据上述原理确定的权系数，最重要的指标不一定具有最大的权系数，最不重要的指标可能具有最大的权系数，得出的结果会与各属性的实际重要程度相悖，难以给出明确的解释。

（三）主客观相结合的方法

针对主观权重确定方法和客观权重确定方法的优缺点，学者又提出了主客观相结合的方法。目前，这类方法主要是将主观赋权法和客观赋权法结合在一起使用，从而充分利用各自的优点。总体来说，经过对已有的综合集成赋权法进行对比分析发现，综合主客观影响因素的综合集成赋权法已有多种形式，但根据不同的原理，主要有以下三种方法：

第一，使各评价对象综合评价值最大化为目标函数，这种综合赋权方法主要有基于单位化约束条件的综合集成赋权法。

第二，在各可选权重之间寻找一致或妥协，即极小化可能的权重跟各个基本权重之间的各自偏差，这种综合集成赋权方法主要有基于博弈论的综合集成赋权法。

第三，使各评价对象综合评价值尽可能拉开档次，使各决策方案的综合评价值尽可能分散作为指导思想，这种综合集成赋权法主要有基于离差平方和的综合集成赋权法。

总之，本书首先梳理了常用评价指标筛选方法，选定了主客观相结合的指标筛选方法，即采用德尔菲法和 AHP 相结合的方式进行指标筛选。在此基础上，通过 AHP 进行赋权。在商标战略实施效果评价环节主要采用灰色关联分析方法，对数据进行分析，确定战略实施效果的不同等级。这样既保留了专家赋值法的优势又利用 AHP 的优势来弥补专家赋值法的不足，达到相辅相成的效果。

第五节 商标战略评价指标选择与方法

商标战略实施效果评价，是指为实现商标战略目标，从商标战略的角度出发，运用数理统计和运筹学等数学方法，参照特定的评价指标体系，遵循统一的评价标准和流程，通过定量与定性相结合的方式，对一定实施周期内（一年或一个五年规划期）的商标战略实施效果，做出客观、公正和科学的综合评判。商标战略实施效果评价系统由以下几部分组成：评价主体、评价对象、评价目标、评价指标和评价方法。

商标战略实施效果评价是战略控制、战略目标和方向调整的基础，用以发现战略实施与战略规划的偏差，为战略控制提供依据，为下一阶段战略实施方案的调整提供参考。商标战略实施效果评价本质上是一种特殊的战略管理系统，它从战略的角度研究商标短期行动与长期发展间的关系，针对商标战略实施效果做出全面、系统、准确的评价，用以达到评价商标战略实施效果的目的，能够为商标未来发展指明方向，能够提高商标的竞争力和生存力。随着商标管理水平的提高，商标战略实施效果评价必将融入整个战略管理过程中，以实现战略目标为导向，在传统实施效果评价的基础上完善和拓展指标体系，最终形成体现商标现代化战略管理要求、体现商标核心竞争力和成长能力的动态实施效果评价。战略实施效果评价是在商标战略上一个阶段的战略实施结束后，下一阶段战略实施前进行。

一、商标战略评价指标筛选方法

根据国内外商标战略实施情况和理论研究现状，确定我国商标战略实施效果的评价维度。本书经过现有文献评价指标的汇总、现有区域性评价实务指标的收集，依据《国家知识产权战略纲要》和《商标战略实施意见》等文件，并征求了政府管理者、专家、学者和企业负责人等意见的基础上，归纳了商标战略实施效果评价的6个维度，即商标创造、商标运用、商标保护、商标管理、商标服务和商标人才。在此基础上，进一步对每个维度确定了3—5个测量指标。

二、层次分析方法

层次分析法（The Analytic Hierarchy Process，AHP）是一种定性与定量分析相结合的多目标决策分析的方法，一般用来处理具有复杂因素的技术、经济、社会问题，尤其适合于需要主观判断起重要作用的、对结果难以直接准确计量的决策环境。AHP是处理和分析复杂决策问题的有效的评价方法，在实践运用中有着显著的优势：一是灵活简洁。它能够同时处理理性、非理性的复杂问题，将影响问题的多种因素整合，通过对决策问题的分解、比较判断达到简单性与复杂性的统一。二是主观决策客观化。将主观的决策过程正规化和系统化。它能使决策者从判断和评价中获得信息，有利于进行准确判断。

（一）基本原理

层次分析法将人的思维过程层次化，并用数学方法为分析、决策等方面提供定量依据。它将复杂系统中的关键因素，依据相互间的关联关系划分为递阶层次结构（目标层、中间层和指标层），依赖专家经验判断同一层次内各个因素的相对重要性，并用一致性准则检验准确性，最后合成得到决策因素相对于目标的重要性排序。

（二）主要步骤

应用层次分析法的主要步骤如下：

1. 建立递阶层次结构

对问题的关键因素分类，构造一个各因素间相互联结的递阶层次结构。处于最顶层的是目标层（一般只有一个目标），中间因素为准则层，最底层为决策方案。

2. 构建两两比较判断矩阵

建立递阶层次结构以后，上下层元素之间的关系已经确定，可以建立各个单层次的两两比较判断矩阵。

3. 计算权向量并做一致性检验

根据判断矩阵计算本层次与之关联的各元素的相对重要性次序的权值，同时解决一致性问题。对于每一个两两比较矩阵都要计算其最大特性及对应特征向量，利用一致性指标、随机一致性指标和一致性比率做一致性检验。检验通过，特征向量即为权向量；若通不过，需要重新构建对比矩阵。

4. 计算综合权向量

根据准则层指标间的权向量和准则层对方案层的权向量，能够计算得出对系统目标的综权向量。

5. 指标体系模型构建

对指标体系逐层 AHP 赋权后，构建了一个纵向层级结构的赋权指标体系，即评价模型。

三、商标战略实施评价方法与流程

在评价结果分析中，根据综合评价结果衡量商标战略目标完成度，以指标值的波动情况确定关键指标，还可以进行商标各阶段战略实施效果纵向比较，以及同类型商标间战略实施效果横向比较。根据最终评价结果，若分值较高，表明商标战略实施效果较好，则可进行下一阶段战略实施；若分值较低，表明商标战略实施效果较差，则需要进行战略实施方案调整。本书获取相关数据，测算商标战略实施效果，包括全国各个地区的商标战略实施效果及比较分析、江苏省 13 个地级市商标战略实施效果及比较分析。商标战略实施效果评价过程如图 1－1 所示。

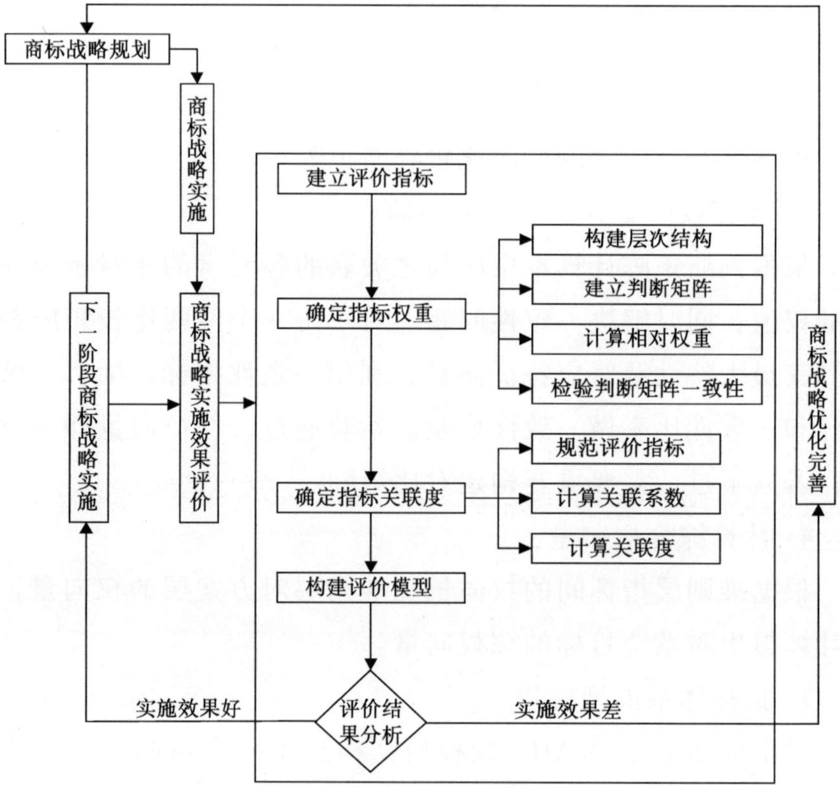

图 1－1　战略实施效果评价流程

第二章

商标战略实施现状分析

商标战略是以商标创造、运用、保护和管理为主要环节的经济发展和企业经营战略，是国家知识产权战略的重要组成部分，是发展品牌经济的核心和关键。深入实施商标战略是调整经济结构的重要举措，是实现自主创新成果市场价值的有力手段，是提升产业层次的有效途径，是增强企业核心竞争力的内在要求。本章节重点对全国以及江苏省的商标申请与注册、商标保护、商标运用、商标管理、商标服务、商标人才的发展现状进行分析。

第一节　商标申请与注册基本情况分析

本节主要针对商标战略实施的商标申请与注册现状进行分析。近年来，随着我国商标战略实施步伐的加快，国家工商总局商标局积极推进商标注册申请工作，取得了较大的进展。目前，我国商标注册申请主要集中在国内企业进行商标的注册与申请、国外企业在华注册申请商标、中国企业到国外注册申请商标、地理标志（包括农产品）商标注册申请以及驰名商标注册申请等几个方面。我们将分别从全国和江苏省的商标申请与注册包含的上述几个方面进行分析。

一、全国商标申请和注册分析

商标注册申请，是指商品和服务商标的注册申请，以及变更、续展、转让注册申请、异议申请，商标使用许可合同备案申请，以及其他商标注册事宜的办理等。

（一）国内企业注册申请商标情况分析

国内企业注册申请商标情况分析见表2－1。

表2－1及图2－1、图2－2描述了2010—2014年全国商标注册申请状况。从图2－1可以看出，全国商标注册申请总量在绝对数上是逐渐递增的。2010年全国商标注册申请总量为107.2万件，到了2014年注册申请总量达到228.5万件，是2010年总量的2倍多，体现了我国实施商标战略以来在商标注册申请上取得了显著成效。从表2－1及图2－2全国商标注册总量增长率图表可以看出，商标注册申请总量整体上呈现增长态势，2010年到2011年我国经济增速仍然处于高速增长阶段，商标注册申请总量增幅进一步提升，从29.10%提升到32.10%，但是2011年之后全国商标注册申请总量增速放缓，2013年达到近五年最低点，为14.20%，其原因可能是企业申请的商标数量较多，但是能够被注册的申请却较少，注册申请审批人员的工作效率有待提升。2013年之后商标注册申请总量增速又有所回升，2014年增速为21.50%。

全国商标注册申请情况增长情况见图2－1、图2－2。

表 2－1　　全国商标注册申请情况分析

时间		2010 年	2011 年	2012 年	2013 年	2014 年
注册申请	数量（万件）	107.2	141.7	164.8	188.1	228.5
	增长率（%）	29.1	32.1	16.3	14.2	21.5

数据来源：2010—2014 年中国商标战略年度发展报告。

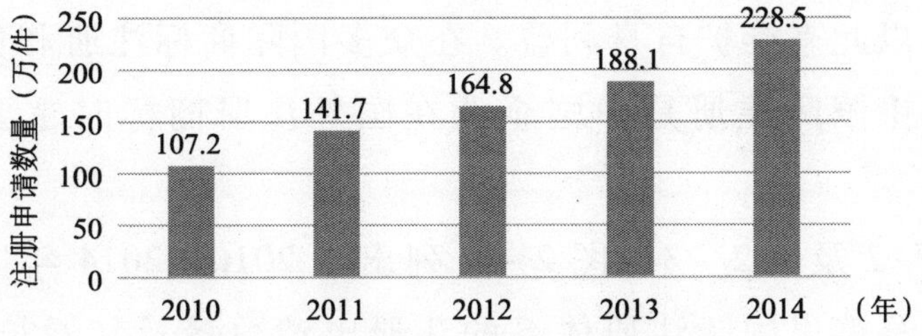

图 2－1　全国商标注册申请情况分析

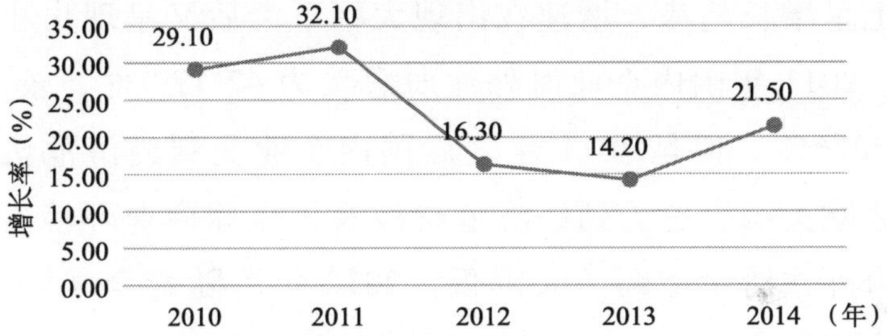

图 2－2　全国商标注册申请情况增长情况

从上述国内企业商标注册申请情况来看，近年来国内企业商标注册申请总体发展状况较好，说明我国商标战略实施取得了较好的效果。此外，我国商标注册申请可以通过企业或者个人直接到工商局商标部门注册申请，也可以通过借助代理机构来申请。近年来随着商标代理机构发展迅速，借助商标代理机构进行网上申请的商标数量也越来越多。

（二）国内企业海外注册情况

随着中国国力增强以及多年来实施的“走出去”战略，我国企业在全球商业活动中渐渐扮演着重要的角色。然而，在中国企业全球化的进程中，突出的问题是中国企业普遍缺乏知识产权的保护意识，尤其表现在商标注册申请意识的缺失。近年来中国知名商标在国外被抢注的案例不断发生。因此，中国企业在全球化过程中必须充分熟悉和利用国际性、区域性的国际商标注册和保护体系，以此来维护自身利益。在众多国际商标注册和保护体系中，马德里国际注册是中国企业在国外注册商标时重要的选择途径。

表2－2及图2－3、图2－4列出了2010—2014年国内企业海外采用马德里国际注册体系的注册申请总量及其增长率状况。从表2－2及图2－3可以看出2010—2013年国内企业海外注册总量总体上呈增长趋势，增速在出现大幅下滑后又呈现出小幅攀升的态势。2011年国内企业海外注册总量为47 127件，较2010年增长了52.6%，但是2011年之后国内企业受到经济危机影响严重，加之欧美国家也受到经济危机波及，全球商业环境恶化，国内企业海外注册量增幅大大降低。2012年后随着全球经济复苏，增幅有小幅回升。2014年国内企业海外注册商标量相较于2013年却有1.7%的下滑，这进一步反映出国内企业在海外扩张的过程中需要持续加强商标权意识，合理运用国家规则保护自身利益的必要性。

表2－2　　国内企业海外注册情况分析

时间		2010年	2011年	2012年	2013年	2014年
注册申请	数量（件）	30 889	47 127	48 586	53 008	52 101
	增长率（%）	—	52.6	3.1	9.1	-1.7

数据来源：2010—2014年中国商标战略年度发展报告。

从上述分析可以看出，尽管中国企业到海外申请的商标数量整体上在增长，但是中国企业与国外企业在运用知识产权等相关

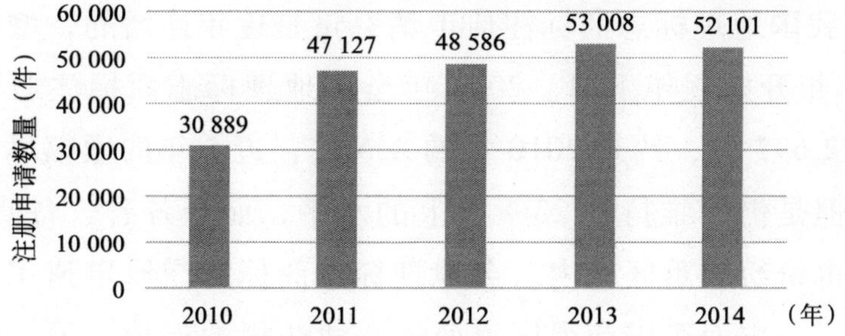

图 2－3　国内企业海外注册情况分析

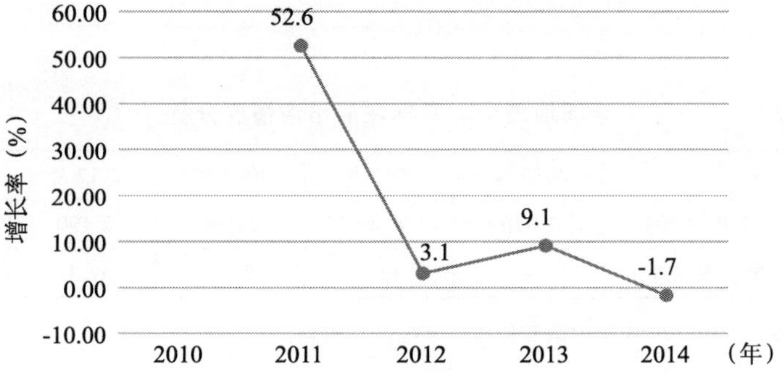

图 2－4　国内企业海外注册增长率

法律法规上还存在较大差距。我国企业的商标权意识尽管较之以前有所改善，但是和国际水平相比仍然显得相对淡薄，很多企业的商标战略也相对滞后，还意识不到商标对于企业经营与发展的重要性，未来仍然需要进一步加强。

（三）地理标志及农产品商标注册申请情况分析

根据世贸组织《与贸易有关的知识产权协议》（简称 TRIPS）规定，地理标志是指证明某一产品来源于某一成员国或某一地区或该地区内的某一地点的标志，该产品的某些特定品质、声誉或其他特点在本质上可归因于该地理来源。将地理标志作为集体商标和证明商标给予保护，也是商标战略实施的重要内容。

表 2－3 及图 2－5、图 2－6 描述了 2010—2014 年全国地理标志商标注册申请的总量及增长率。从图和表可以看出，2010—

2014年我国地理标志商标注册申请总量是逐年递增的，增幅却是从2011年开始逐年下滑。2014年全国地理标志商标注册申请总数达到2 697件，约是2010年的2.5倍，近5年的增幅尽管有所下滑，但是仍然维持在23%以上的水平，而且各省、各直辖市、各地区也纷纷注重区域内著名地理标志商标的注册申请工作。究其原因，一方面可以获得国家商标法律法规的保护，另一方面也可以促使区域地理标志建立品牌甚至是名牌，这将有利于地方经济发展。

表2-3　　全国地理标志商标注册申请情况分析

时间		2010年	2011年	2012年	2013年	2014年
注册申请	数量（件）	1 040	1 381	1 754	2 190	2 697
	增长率（%）	—	32.8	27.0	9.1	23.2

数据来源：2010—2014年中国商标战略年度发展报告。

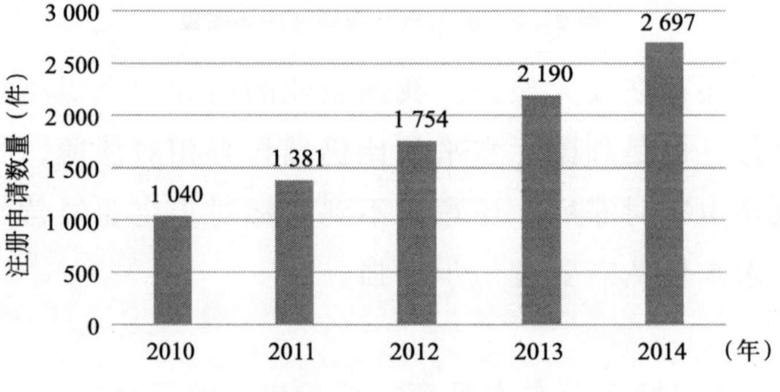

图2-5　全国地理标志商标注册申请情况

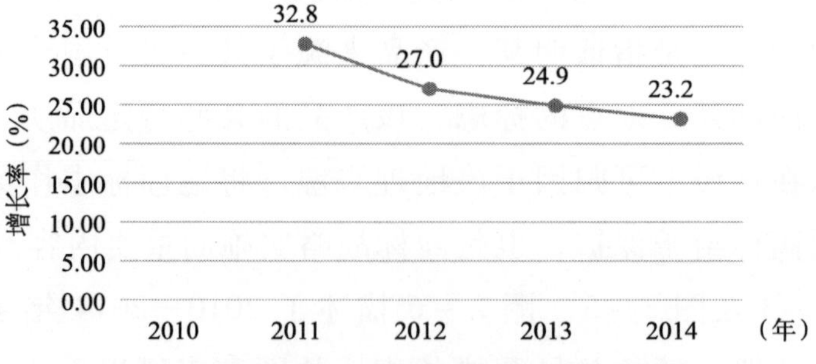

图2-6　全国地理标志商标注册申请增长率

全国地理标志商标注册申请是我国商标战略颇具特色的重要组成部分，地理标志对于发展区域经济、地方经济都具有重要作用，但是地理标志的存在与申请也会受到地方经济、人文、自然资源等限制。因此地方政府要特别注重对于地理标志商标的申请和注册工作，同时也要大力进行在申请注册之后的开发、宣传等工作，使得地理标志商标真正地能够服务地方经济。

此外，在众多地理标志商标中，农产品地理标志商标是十分重要的地理标志商标，也是很多地方政府着力打造并且注册申请的地理标志商标。农产品地理标志，是指标示农产品来源于特定地域，产品品质和相关特征主要取决于自然生态环境和历史人文因素，并以地域名称冠名的特有农产品标志。

表2－4及图2－7、图2－8描述了2010—2014年全国农产品商标注册申请的总量及增长率。从图和表可以看出，2010—2014年我国农产品商标注册申请总量是逐年递增的，但是增幅从2011年到2013年之间有一个下滑的过程，在2013年到2014年之间又有所反弹。2014年全国地理标志商标注册申请总数达到168.9万件，约是2010年的2倍，近5年的增幅先存在一个下滑阶段，但是在2014年又重新回到16.7%的水平。国内各省、各直辖市、各地区也纷纷注重区域内农产品商标的注册申请工作，这不仅可以得到国家商标法律法规的保护，也有利于地区农产品经济的发展。

表2－4　　全国农产品商标注册申请情况分析

时间		2010年	2011年	2012年	2013年	2014年
注册申请	数量（万件）	95.0	110.8	128.2	144.7	168.9
	增长率（%）	—	32.8	27.0	9.1	23.2

数据来源：2010—2014年中国商标战略年度发展报告。

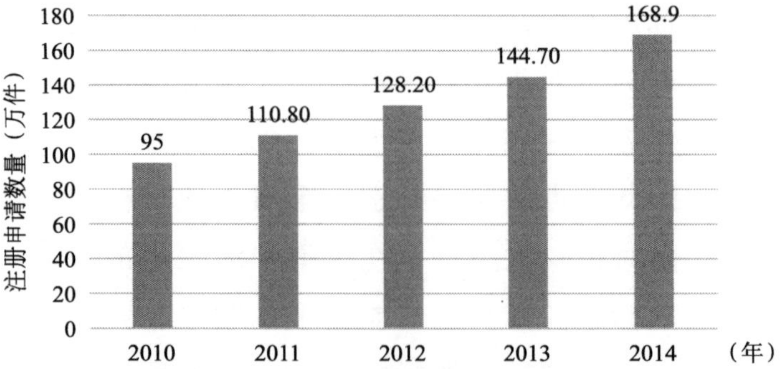

图 2－7　全国农产品商标注册申请情况

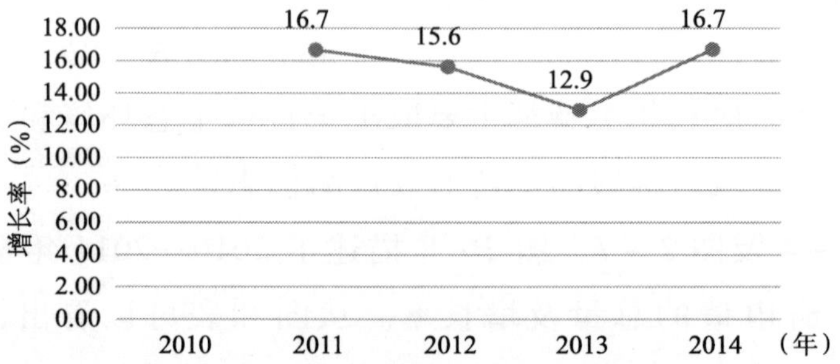

图 2－8　全国农产品商标注册申请增长率

二、江苏商标申请和注册分析

近年来，随着我国不断加快商标战略的实施工作以及国家工商总局商标局积极推进商标注册申请工作，江苏省也紧跟国家商标战略的实施步伐，取得了一些成果。江苏省商标注册申请集中在国内企业在江苏省注册申请商标、国外企业在江苏省注册申请商标、江苏省企业到国外注册申请商标、江苏省地理标志（包括农产品）商标注册申请，以及江苏省驰名商标和江苏省著名商标注册申请等。

（一）江苏省企业注册申请商标情况分析

表 2－5 及图 2－9、图 2－10 描述了 2010—2014 年江苏省商标注册申请状况。从图 2－9 可以看出，江苏省商标注册申请总

量是不断上升的。2010 年江苏省商标注册申请总量为 6.63 万件，江苏省 2014 年的商标注册申请总量达到 12.28 万件，几乎是 2010 年总量的 2 倍，说明江苏省实施商标战略产生了一定的效果。从图 2－10 江苏省商标注册总量增长率图表可以看出，江苏省商标注册申请率则是不断下降的，在 2011 年至 2012 年下降速度最快。虽然江苏省在扩大商标注册量、培育高知名度商标、运用商标无形资产、发展品牌经济等方面取得了积极成效，但与加快转变经济发展方式的要求相比、与江苏省在全国的经济地位相比、与增强企业核心竞争力的迫切需要相比，还有一定差距。以 2014 年为例，国内申请量排名前 5 位的省（市）依次为广东省（40.64 万件）、浙江省（19.70 万件）、北京市（19.12 万件）、上海市（13.76 万件）、江苏省（12.28 万件），江苏省只排在第五位，与全国第二经济大省的身份极不吻合。江苏省自主商标拥有率偏低，高知名度商标数量不多，商标培育保护力度不够，市场主体商标意识亟待增强，商标在提升企业、产业和区域核心竞争力中的作用有待进一步发挥。

表 2－5　　江苏省企业注册申请商标情况分析

时间		2010 年	2011 年	2012 年	2013 年	2014 年
注册申请	数量（万件）	6.63	8.52	9.80	11.0	12.28
	增长率（%）	—	28.5	15.0	12.2	11.7

数据来源：2010—2014 年中国商标战略年度发展报告。

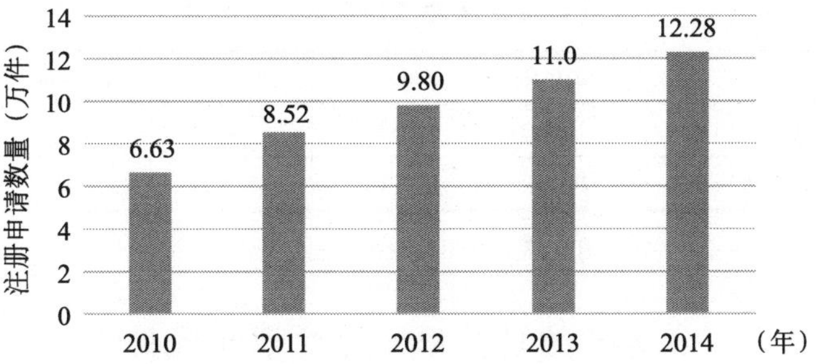

图 2－9　江苏省企业注册申请商标情况

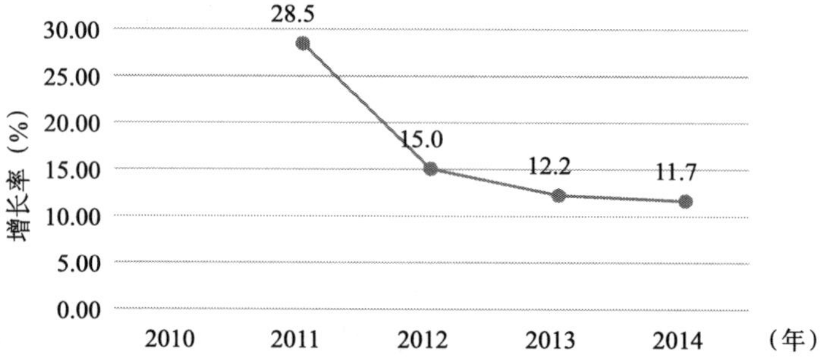

图 2-10　江苏省企业注册申请商标增长率

（二）江苏企业海外注册情况分析

在中国企业走向世界的进程中，江苏省作为中国的经济大省在马德里国际注册申请方面取得了一些成就。在众多国际商标注册和保护体系中，通过马德里国际注册是江苏省企业在国外注册商标用以维护自身权益的重要手段。

表 2-6 及图 2-11、图 2-12 列出了 2010—2014 年江苏省企业在马德里国际注册体系中的注册申请总量以及增长率状况。从图 2-11 可以看出 2010—2011 年江苏省海外注册总量呈小幅增长趋势，但是在 2012 年的注册申请量上却只有 60 件，在随后的 2013 年，注册量又急剧攀升至 318 件，2014 年又小幅下降至 260 件。从图 2-12 中可以看出增速出现逐渐下滑又大幅攀升随后又下滑的态势。

表 2-6　　江苏省企业海外注册申请情况分析

时间		2010 年	2011 年	2012 年	2013 年	2014 年
注册申请	数量（件）	124	138	60	318	260
	增长率（%）	16.31	15.61	5.87	29.39	18.57

数据来源：2010—2014 年中国商标战略年度发展报告。

总体来说，江苏省的马德里国际注册状况处于一个比较不稳定的状态中。原因是马德里国际注册本身是涉外事务，相对于省

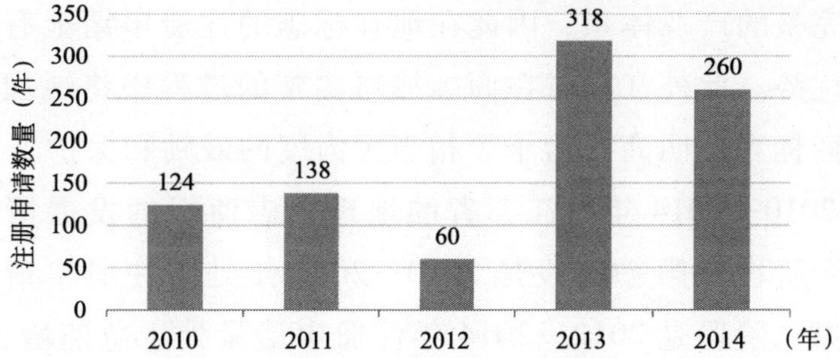

图 2－11 江苏省企业海外注册申请情况

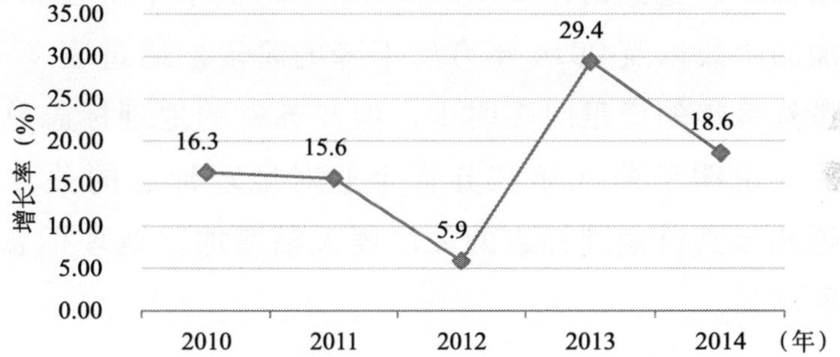

图 2－12 江苏省企业海外注册申请增长率

内企业在国内注册难度更大，手续更多，不可控因素较多，因而会出现申请注册状况不稳定的结果。

从江苏省马德里国际注册申请量与全国马德里国际注册申请量对比来看，近五年来江苏省马德里国际注册申请量增长率整体上高于全国平均水平，但是国际注册申请量的排名，以 2014 年为例，国际注册申请量排名前 5 位的省（市）分别是山东省（820 件）、广东省（598 件）、浙江省（322 件）、江苏省（260 件）、福建省（147 件），江苏省全国排名第四位，这与第二经济大省的身份也不吻合，商标战略的实施需要进一步推进。

（三）江苏地理标志注册申请情况分析

江苏省拥有着众多的名镇古城，也拥有着在全国领先的经济实力和完整的产业体系，因此在地理标志的注册申请上有着得天独厚的优势。此外江苏省在商标战略实施的过程中将地理标志作为集体商标和证明商标给予了相当大力度的鼓励和保护。

从2010—2014年，江苏省的地理标志商标的发展情况可以分为两个阶段：第一阶段是2010—2012年处于注册申请量较低阶段；第二阶段是2012—2014年注册申请量处于急速增长阶段。2014年的申请量是2010年的7倍。从图2－13中可以看出地理标志的增长率也是经历了2010—2012年的低水平阶段和2013年急剧增加的阶段以及2014年有所下降的阶段。通过表2－7可以看出，虽然每年的增量时多时少，但江苏省的地理标志总数在不断增加。这说明了前几年江苏省企业对地理标志的关注还比较少，而近几年其对地理标志的关注度大幅增加，地理标志的数量因此有所增加。

表2－7　　江苏地理标志商标注册申请情况分析

时间		2010年	2011年	2012年	2013年	2014年
注册申请	数量（件）	8.0	4.0	12.0	51.0	56.0
	增长率（%）	19.51	8.16	22.64	78.46	48.27

数据来源：2010—2014年中国商标战略年度发展报告。

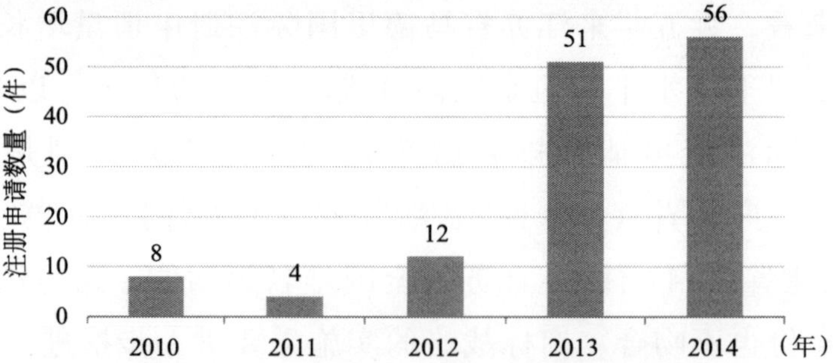

图2－13　江苏地理标志商标注册申请情况

从上述分析可以看出，近两年江苏省地理标志商标的申请大幅度增加，反映出省内对地理标志商标的重视程度在逐渐上升，

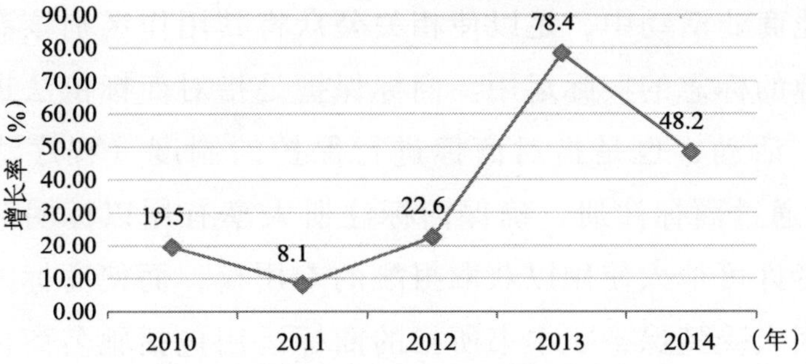

图 2-14 江苏省地理标志注册申请增长率

例如地理标志的农产品等主要分布在苏北、苏中等经济相对于苏南来说欠发达的地区。这也反映出江苏省各级地市，尤其是欠发达地区商标战略意识的增强，通过申请地理标志商标，地方特色产品可以获取法律保护和较高的知名度，从而为繁荣地方经济、发现地方经济新的增长点提供机会。

从江苏省和全国地理标志商标的注册申请情况对比来看，江苏省地理标志商标近五年来的平均增长率明显要高于全国平均水平，但是江苏地理标志的排名，以 2014 年为例，地理标志注册和初步审定量排名前 6 位的省（市）分别是：山东（395 件）、福建（253 件）、湖北（203 件）、重庆（193 件）、浙江（179 件）、江苏（172 件）。江苏省地理标志注册申请量只排在第六名，反映出江苏省地理标志商标的实施效果仍然需要进一步加强。

第二节 商标运用与保护基本情况分析

商标运用，是指以经营为目的，将商标用于商品、商品包装或者容器上，用于服务或者与服务有关的物件上、用于商品或者服务交易文书上或者将商标用于商品或者服务的广告宣传、展览以及其他商业活动中，足以使相关公众将其用作区别该商品或者服务来源的标志的实际运用。商标保护是指对商标依法进行保护的行为、活动，也是指对商标进行保护的制度（程序法或实体法）。可通过商标注册，确保商标注册人享有用以标明商品或服务，或者许可他人使用以获取报酬的专用权，而使商标注册人及商标使用人受到保护。本书所指的商标运用包括驰名商标和省级著名商标的注册申请状况、商标质押情况以及驰名著名商标和商标质押的收益等。商标保护主要从一般违法与侵权假冒的案件、案值、罚款金额等进行表述。

一、商标运用基本情况分析

（一）全国商标运用情况分析

1. 全国驰名商标注册申请情况分析

驰名商标是中国国家工商行政管理局商标局，根据企业的申请，官方认定的一种商标，在中国国内为公众广为知晓并享有较高声誉。对驰名商标的保护不仅仅局限于相同或者类似商品或服务，就不相同或者不类似的商品申请注册或者使用时，都将不予注册并禁止使用，因此驰名商标被赋予了比较广泛的排他性权利。获得驰名商标对于企业是一项莫大的荣誉，其产品也因驰名商标的作用产生更好的经济效益。此外驰名商标会受到更多的法律保护，驰名商标注册申请是实施商标战略的一项重要工作。

从表 2 - 8 及图 2 - 15、图 2 - 16 可以看出，2010—2012 年全国驰名商标注册商标总量呈逐年递增趋势，但是 2013 年的申请量相对于 2012 年急剧下降，在 2014 年又有所回升。从增长率上观察，2010—2011 年和 2012—2013 年增长率出现下滑，尤其是在 2012—2013 年下滑幅度很大，而 2011—2012 年和 2013—2014 年又处于上升态势。总体上说，2010—2012 年的增长趋势比较平缓。2013年增长率跌落谷底的原因主要有两点：一点是在当时由于一些驰名商标产品出现较多质量问题，驰名商标企业群体声誉受损，一些企业对驰名商标的兴趣度降低；另外一点就是，当时已经传出禁止将商品直接贴上驰名商标标志的消息（随后，2014年新的《商标法》明确禁止生产者和经营者把“驰名商标”的字样用在商品包装、容器上），注册申请驰名商标热度也因此降低。

表2-8　全国驰名商标注册申请情况

时间		2010年	2011年	2012年	2013年	2014年
注册申请	数量（件）	669	814	1 272	492	657
	增长率（%）	43.84	37.08	42.27	11.49	33.67

数据来源：2010—2014年中国商标战略年度发展报告。

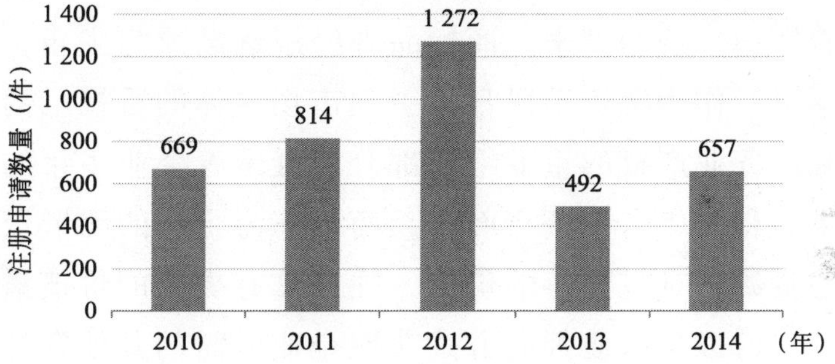

图2-15　全国驰名商标注册申请情况

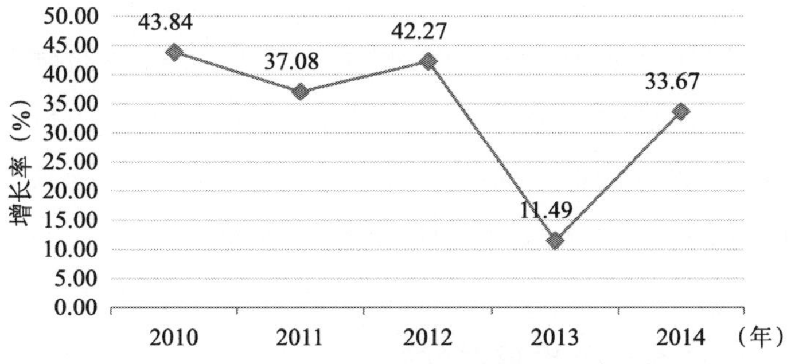

图2-16　全国驰名商标注册申请增长率

驰名商标的发展显示出我国对于商标保护的重视程度。我国《商标法》第十三条规定了对驰名商标的特别保护，未在中国注册的驰名商标，可以享受同类别或类似商品服务类别上的商标保护权，而已在中国注册的驰名商标，不仅在相同或类似商品、服务上禁止他人注册和使用，在其他不相同、不类似的商品或服务类别上也禁止他人注册和使用，也就是说，在我国注册的驰名商标，几乎可以享受到全类别的商标保护。这不仅可以为驰名商标省下一笔不菲的全类别注册费用，还可以有效遏制不法商家对驰名商标的“傍名牌”“搭便车”和恶意抢注等行为。因此，政府部门需要进一步规范和引导驰名商标的申报和受理工作，同时要大力查处侵权行为。另外企业也需要重视驰名商标对企业的重要性。

2. 全国商标质押分析

随着知识经济的到来，商标品牌经济逐渐成为主角，商标权这一无形资产作为融资手段日益引起市场主体的重视。商标权作为工业和服务业产权的重要组成部分，凝聚着企业多年的智力活动的成果。相对于有形资产而言，商标作为企业的无形资产是企业的核心资源，具有独特的价值，往往具有更大的价值潜力。因此，商标权可以采取质押的方式获取企业所需的其他资源。对于需要资金又无必要的有形抵押物的企业来说，商标质押是一种重要的战略选择。

商标质押属于质权的一种，我国《担保法》将商标专用权列入权利质权，依法可以将商标专用权、专利权和著作权中的财产权可以质押。随着商标事业的发展，商标质押融资越来越得到市场的认可，融资质押次数和融资额逐年增加。

（二）江苏商标运用情况分析

1. 江苏驰名商标注册申请情况分析

江苏省驰名商标众多，拥有驰名商标的企业坚持走自主创新道路，在企业发展过程中注重产学研相结合，其研发机构数量、集聚资源能力、创新产品数量均处于行业领先地位。为了跨入这一行列，众多江苏省企业纷纷注册申请国家驰名商标，以期对江苏的经济添砖加瓦，客观上也为商标战略的有效实施做出了一定的贡献。

从表2－9及图2－17可以看出，2010—2014年江苏省驰名商标年注册量以2012年为分水岭，2010—2012年每年的申请数量在不断增加，在2012—2014年每年的申请数量在不断减少。从图2－18中可以看出，2010—2012年的江苏省驰名商标注册申请增长率能够稳定在46%左右，但是2012—2014年，增长率始终处于下滑的阶段。江苏省驰名商标增长率不断减少原因和全国驰名商标注册增长率下降的原因相同，因为当时一系列的驰名商标产品出现质量问题，导致驰名商标企业群体声誉受损，驰名商标对企业的吸引力下降所致。从江苏省驰名商标和全国驰名商标的对比情况来看，江苏省驰名商标平均增长率要略低于全国平均水平，反映出江苏省高知名度商标数量较全国水平来说不高。

表2－9　　江苏驰名商标注册申请情况

时间		2010年	2011年	2012年	2013年	2014年
注册申请	数量（件）	64	88	138	82	70
	增长率（%）	47.4	44.2	48.1	19.3	13.8

数据来源：2010—2014年中国商标战略年度发展报告。

2. 江苏著名商标注册申请情况分析

著名商标，是指在一定地域范围内（如省级地域）较有知名度的商标品牌，多出现在中国以省、（直辖）市一级名誉商标评选中，并常在地方法规中出现。江苏省著名商标对于推动江苏省的经济发展和商标战略的实施有着重要的作用。

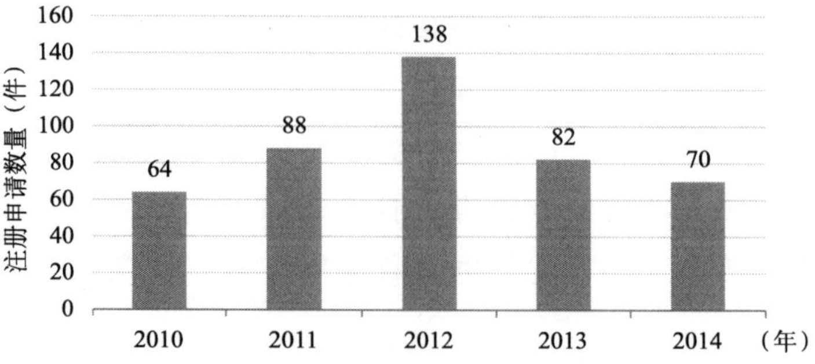

图 2 - 17　江苏省驰名商标注册申请情况

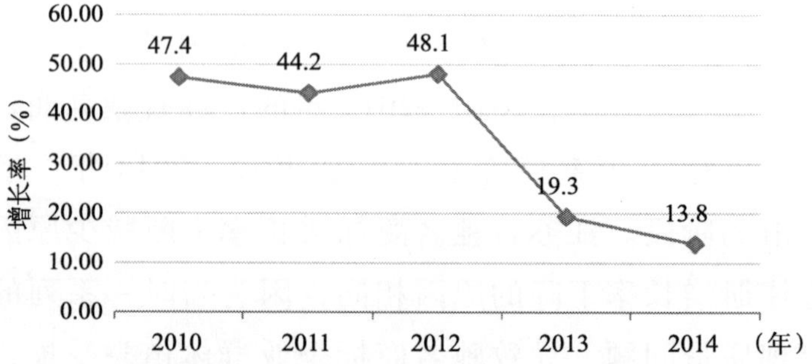

图 2 - 18　江苏省驰名商标注册申请增长率

从表 2 - 10 及图 2 - 19 可以看出，2010—2014 年江苏省著名商标年注册量呈逐渐上升的势态，但是上升势态趋于平缓。由图 2 - 20 得知，江苏省著名商标的注册申请增长率经历了由 2010—2012 年的上升阶段和 2012—2014 年的下降阶段，不过无论是上升还是下降，其变动幅度平缓且较为稳定。江苏省著名商标能够处于一个较为稳定的发展状态主要是江苏省总体上经济状况比较稳定。2012—2014 年江苏省的著名商标申请率降低主要是我国经济已经进入转型期，经济发展速度放缓所致。近年来江苏省不断提高对商标战略的重视程度，颁布《省政府关于深入实施商标战略的意见》等文件规范和指导商标战略的实施，商标战略实施效果较为明显。

表 2－10　　江苏省著名商标注册申请情况

时间		2010 年	2011 年	2012 年	2013 年	2014 年
注册申请	数量（件）	234	327	380	419	422
	增长率（%）	11.19	14.06	14.32	13.81	12.23

数据来源：2010—2014 年中国商标战略年度发展报告。

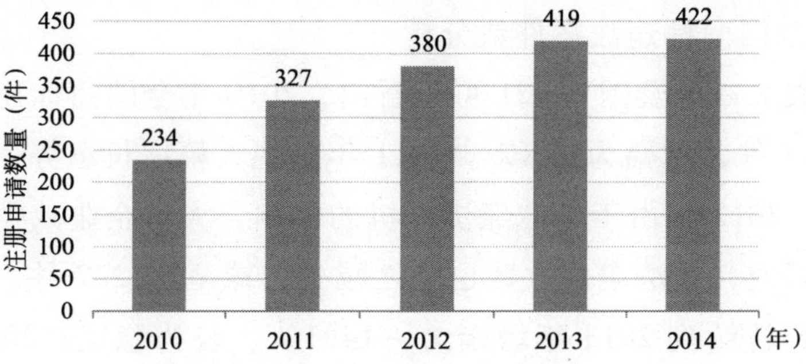

图 2－19　江苏省著名商标注册申请情况

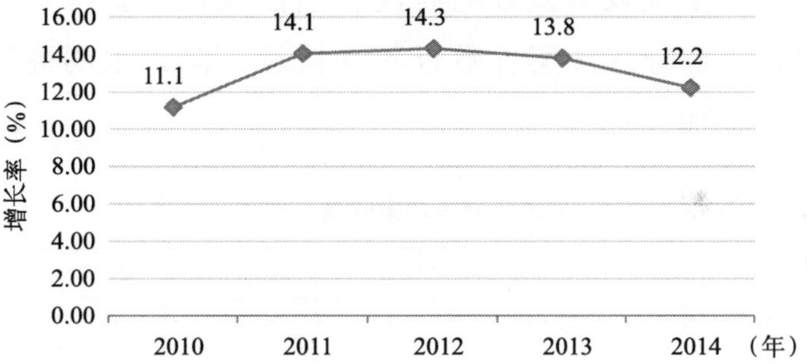

图 2－20　江苏省著名商标注册申请增长率

二、商标保护基本情况分析

商标保护，是指对商标依法进行保护的行为、活动，也是指对商标进行保护的制度（程序法或实体法）。商标保护是通过商标注册，确保商标注册人享有用以标明商品或服务，或者许可他人使用以获取报酬的专用权，而使商标注册人及商标使用人受到保护，保证广大的消费者能够通过商标区分不同的商品或服务的提供者。同时，最大限度的维护消费者和商标所有者的合法权益。本书所指的商标保护主要从一般违法与侵权假冒的案件、案值、罚款金额等进行表述。

（一）全国商标保护情况分析

1. 全国商标违法案件数分析

从表 2 - 11 及图 2 - 21 可以看出，2010 年全国商标违法案件达 56 034 件，增幅为 9. 8% 。2011 年呈现大幅增长态势，增幅至 41. 0% 。2012 年由于全球经济危机的影响，大量企业减少商标注册量，因此，违法案件次数也随之减少，减至 66 227 件，增幅呈现负值。持续到 2013 年增幅为 - 14. 1% ，较为稳定。2014 年由于政府出台的政策以及监管部门的大力执法，达到 - 25. 4% 的增幅。商标市场呈现较为良好的状况，违法案件明显降低。商标战略实施以来，商标违法案件数近年来持续下降，说明商标保护的力度在进一步加大。

表 2 - 11　　全国商标违法案件情况分析

时间		2010 年	2011 年	2012 年	2013 年	2014 年
违法案件	数量（件）	56 034	79 021	66 227	56 867	42 450
	增长率（%）	9. 8	41. 0	- 16. 2	- 14. 1	- 25. 4

数据来源：2010—2014 年中国商标战略年度发展报告。

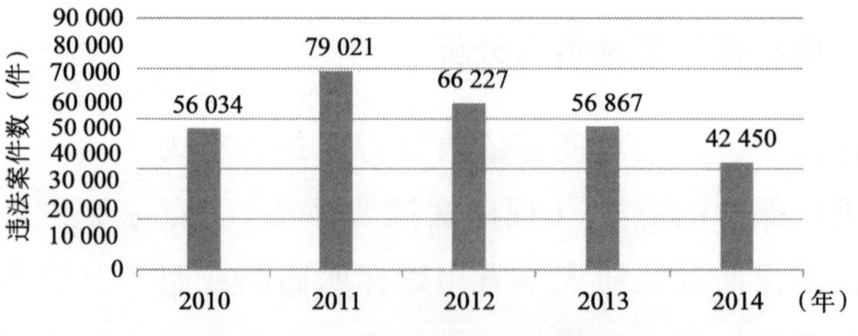

图 2 - 21　全国商标违法案件数量

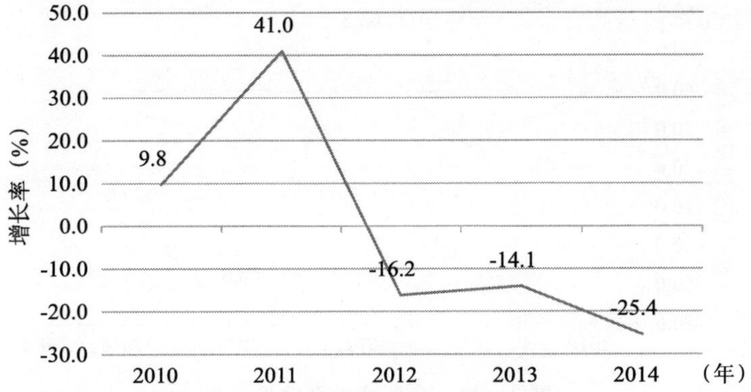

图2－22 全国商标违法案件数增长率

2. 全国商标违法案件金额分析

从表2－12及图2－23、图2－24可以看出，2010年全国商标违法案件案值达140 561万元，增幅为38.9%。2011年降至156 283万元，增幅有所放缓。2012年，案值增幅大程度提升，超过50%，达到了63.2%的增幅。由于2013年政府出台的政策以及监管部门的大力执法，违法案件数量急剧减少，因此案值也随之减少至－68.0%。2014年商标市场呈现较为稳定的状态，增幅为－27.0%。

表2－12 全国商标违法案件金额分析

时间		2010年	2011年	2012年	2013年	2014年
违法案件	金额（万元）	140 561	156 283	255 174	81 601	59 562
	增长率（%）	38.9	11.2	63.2	－68.0	－27.0

数据来源：2010—2014年中国商标战略年度发展报告。

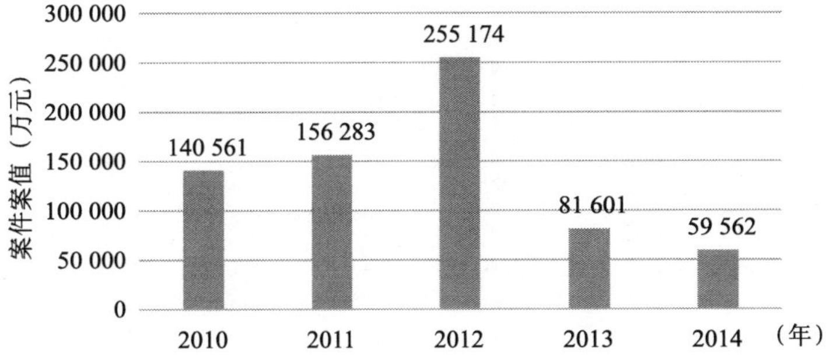

图2－23 全国商标违法案件案值

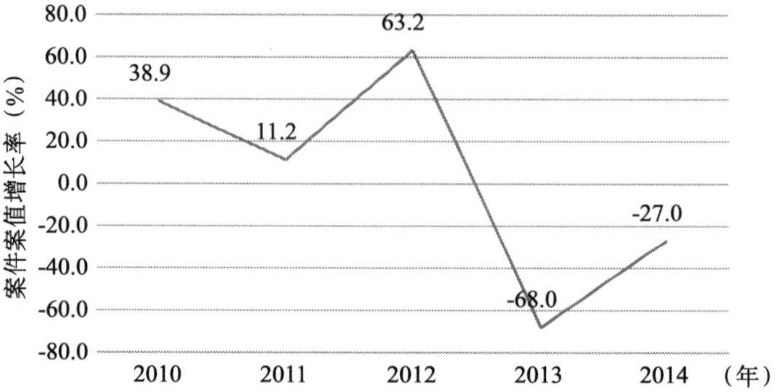

图 2－24　全国商标案值增长率

3. 全国商标违法案件罚没金额分析

从表 2－13 及图 2－25、图 2－26 可以看出，2010 年全国商标违法案件罚没金额达 46 001 万元，增幅为 13.4%。2011 年增至 59 552 万元，增幅有所加快。2012 年由于全球经济危机，大量企业倒闭，因此出现违法的商标案件和罚没金额随之减少。增幅呈现负值状态，增幅为－11.8%。2013 年，经济稍有复苏，涉案率有所提升，罚没金额有所增加。2014 年，由于政府出台的政策以及市场监管力度加强，增幅明显提升，达到－16.0%。

表 2－13　全国商标违法案件罚没金额

时间		2010 年	2011 年	2012 年	2013 年	2014 年
罚没金额	金额（万元）	46 001	59 552	52 507	51 508	59 562
	增长率（%）	13.4	29.5	－11.8	－1.9	－16.0

数据来源：2010—2014 年中国商标战略年度发展报告。

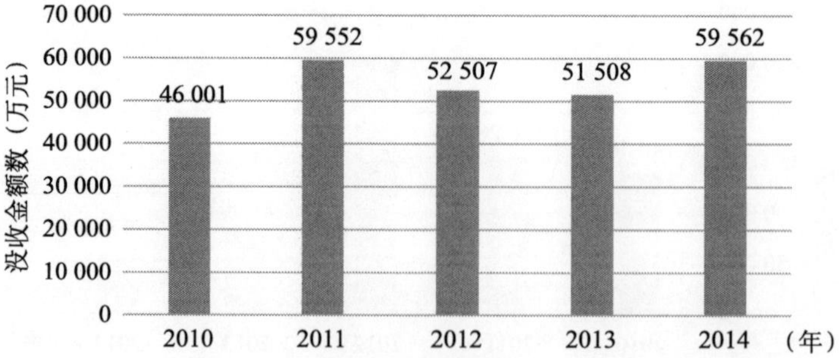

图 2－25　全国商标违法案件没收金额

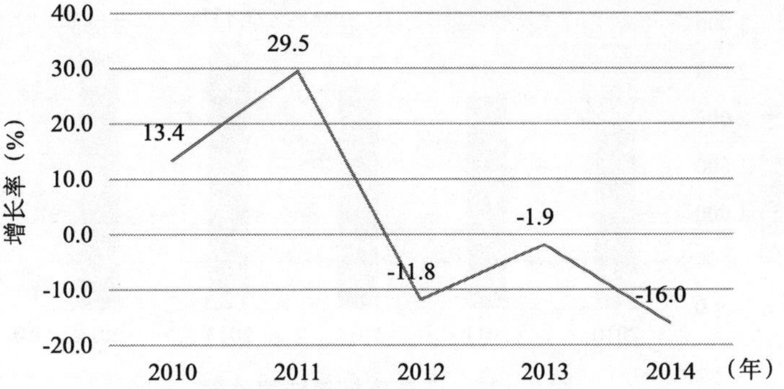

图 2－26 全国商标违法案件没收金额增长率

（二）江苏商标保护情况分析

1. 江苏商标违法案件数分析

从表 2－14 及图 2－27、图 2－28 可以看出，2010 年江苏省商标违法案件中，侵权案件达 1 922 件。2011 年呈现平缓增长态势，增幅至 18.5%。2012 年由于全球经济危机的影响，大量企业减少商标注册量，因此，违法案件次数也随之减少，减至 2 360 件，增幅大大降低。持续到 2013 年违法案件为 2 852 件，稳定增长，增幅为 20.8%。2014 年由于政府出台的政策以及监管部门的大力执法，执法部门监管力度较强，增幅呈现负值，达到－3.4%。

表 2－14 江苏商标违法案件情况分析

时间		2010 年	2011 年	2012 年	2013 年	2014 年
侵权案件	数量（件）	1 922	2 277	2 360	2 852	2 755
	增长率（%）	—	18.5	3.6	20.8	－3.4

数据来源：2010—2014 年中国商标战略年度发展报告。

2. 江苏商标违法案件金额分析

从表 2－15 及图 2－29、图 2－30 可以看出，2010 年江苏省商标违法案件案值达 9 595 万元。2011 年升至 13 215 万元，增幅

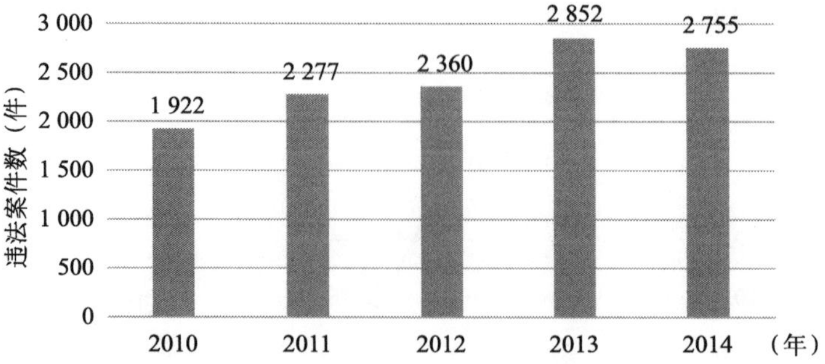

图 2－27　江苏商标违法案件数

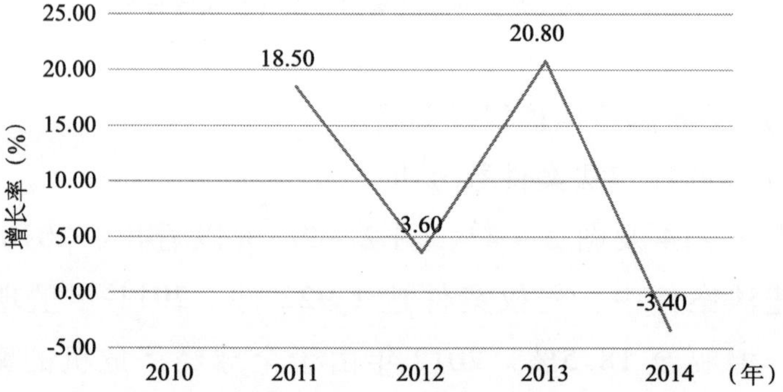

图 2－28　江苏商标违法案件数增长率

达 37.7%。2012 年，案值增幅大幅度提升，增幅达到 967.2%，所涉及违法案件数量多、规模大。2013 年由于政府出台的政策以及监管部门的大力执法，违法案件数量急剧减少，因此案值也随之减少至－92.90%。2014 年，商标市场呈现较为稳定的状态，违法案件大幅减少，因此违法案件案值增幅降低至－8.2%。

表 2－15　江苏商标违法案件金额分析

时间		2010 年	2011 年	2012 年	2013 年	2014 年
案值	金额（万元）	9 595	13 215	141 024	9 983	9 160
	增长率（%）	—	37.7	967.2	－92.9	－8.2

数据来源：2010—2014 年中国商标战略年度发展报告。

3. 江苏商标违法案件罚没金额分析

从表 2－16 及图 2－31、图 2－32 可以看出，2010 年江苏省商

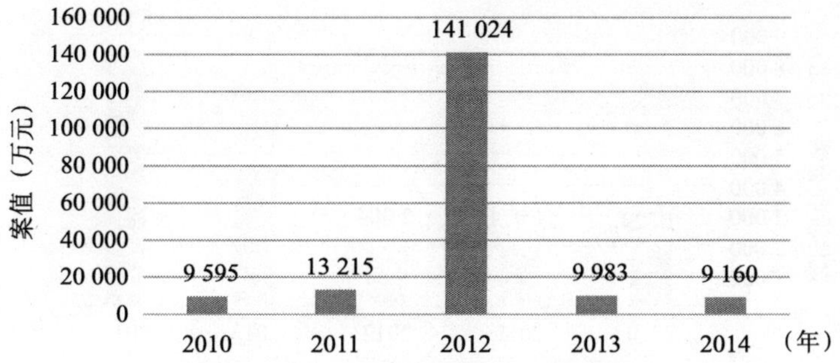

图 2－29　江苏商标违法案件案值

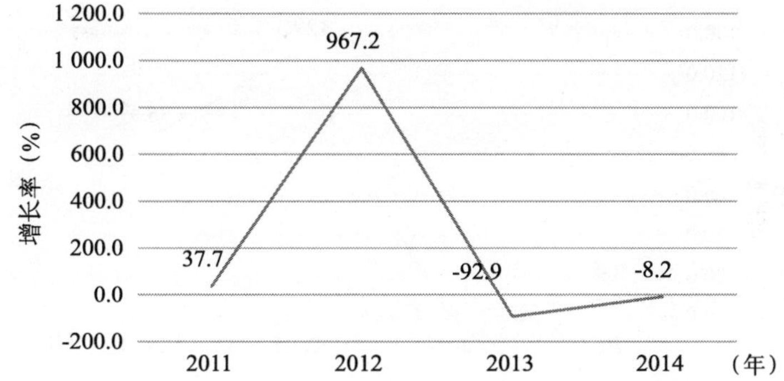

图 2－30　江苏商标违法案件案值增长率

标违法案件罚没金额达 1 829 万元。2011 年增至 1 974 万元，增幅平缓提升。2012 年由于全球经济危机，大量企业倒闭，因此出现违法的商标案件和罚没金额随之减少，增幅降低至 1.5%。2013 年，经济市场有所复苏，企业增多随之商标注册量也大幅提升。因此，违法案件基数增大，涉案率有所提升，罚没金额增幅提升至 129.3%。2014 年增幅至 86.3%，虽增幅有所放缓，但仍呈现大幅增长态势。

表 2－16　　江苏商标违法案件罚没金额

时间		2010 年	2011 年	2012 年	2013 年	2014 年
罚没金额	金额（万元）	1 829	1 974	2 004	4 596	8 561
	增长率（%）	—	7.9	1.5	129.3	86.3

数据来源：2010—2014 年中国商标战略年度发展报告。

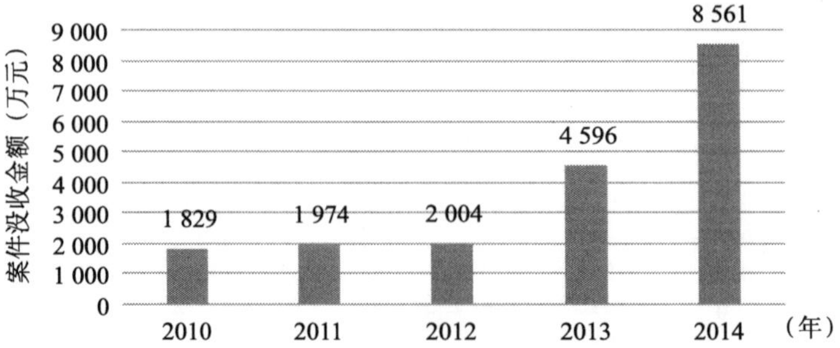

图 2－31　江苏违法案件没收金额

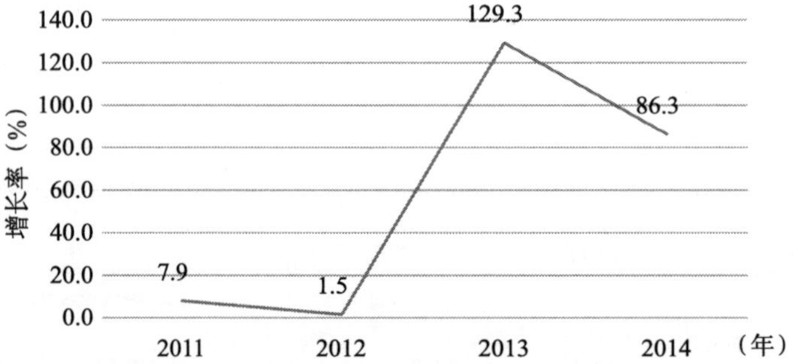

图 2－32　江苏违法案件没收金额增长率

第三节　商标管理与服务基本情况分析

一、商标管理基本情况分析

笼统地说商标管理就是针对商标而采取的管理性活动。商标管理的定义应从管理的角度来阐述。长期以来，我国对商标管理的定义存在诸多争议。有学者认为，广义上的商标管理是相对于注册而言的，除注册以外的事务都可纳入商标管理的范围，包括《商标法》第六章、第七章的全部规定和第四章、第五章的部分规定。而狭义上的商标管理主要是指《商标法》第六章规定的关于商标使用的管理。还有学者认为，从广义上说，商标管理是指整个商标行政执法和商标司法工作；从狭义角度理解，商标管理仅指除商标注册工作之外的商标行政执法工作。本书认为，所谓商标管理，是指负责商标的确立和维权工作并使其顺利进行。从管理主体上看，它不仅包括政府的商标行政执法及行业协会对商标的管理，还包括企业对商标的管理；从管理内容上看，它不仅包括商标的确立和维权工作，还包括商标管理者的责任。从政府角度来看，商标管理工作主要体现在行政指导和监督上。

（一）政府行政指导和监督

2010 年以来，江苏省工商局立足辖区工作实际，充分发挥商标监管和服务职能作用，进一步加大商标行政指导力度，增强企业负责人商标品牌意识，促使企业运用商标战略开拓市场，扩大市场占有率和竞争力。

江苏省工商局积极发挥实施商标战略的牵头部门作用，及时贯彻落实省政府的决策部署，加强商标战略实施领导小组办公室建设，加强了部门之间的协调沟通，制订了实施商标战略任务分解方案，整合了工商系统内部广告、注册等职能部门，建立了内部商标战略实施协作机制。省法院就服务创新型经济建设、推进全省商标战略深入实施提出指导意见，在我省商标战略实施过程中起到了带头和指导作用，就驰名商标、著名商标注册量上来看，2010 年全省新增驰名商标 63 件，新增著名商标 366 件，到 2014 年新增驰名商标 577 件，著名商标 584 件，年均增长率分别为 117.36%、87.85%。同时我省还就驰名、著名商标企业在科研立项、专利、高新技术企业认定方面进行政策扶持。省财政厅增加了商标战略实施专项经费，建立了实施商标战略的财政保障机制。省农委着力引导生产主体联合打造农产品区域公共品牌。

省商务厅积极组织驰名、著名商标企业参加国际名展览会，给予较大份额摊位费、运输费补贴。

（二）企业商标管理

企业作为市场主体的重要组成部分，其商标申请量在全社会总的申请量中占有相当大的比重，因此看某个地区的商标注册申请总量变化一定程度上反映了该地区企业的商标注册申请量变化，而企业的商标注册申请是和企业商标管理保护能力正相关。江苏省2010年的商标注册申请总量为66 306件，到了2014年达到了122 817件，年均增长16.85%，这和我国其他省份相比同样处于较高发展水平。

从上述分析来看，尽管政府行政指导和监督与企业商标管理工作在进一步加强，但是有关商标管理实施效果的评价工作还没有开展，因此，本书提出针对商标管理的实施效果进行评价。

二、商标服务基本情况分析

（一）商标服务信息化

信息服务平台和商标信息库是现代化信息技术在商标管理领域中的重要应用，它能明显提高我国不同地区商标联动管理水平。随着我国经济和现代化水平的发展，信息化商标管理水平不断提高，使得商标评审时间大大缩短，评审效率不断提高。我国工商局以标准化、流程化、精细化为切入点，突出系统在业务处理方面的引导、规范和管理作用，依法设定流程，强化应用服务，实现刚性规范，建立了由管理系统、查询系统和参照系统三个分系统构成的商标审理系统，并于2011年1月实现了新系统的上线试运行。该系统主要有三个方面重要作用。

一是实现流程再造，切实规范案件审理程序。对商标评审工作流程从收文、受理、审理、发文、诉讼等各个环节加以刚性规范和管理。

二是实现全程介入，有效加强规范监督。在原有审理程序中增加查询程序和参照系统，有效防范了有违案件审理标准的情况发生。增加应诉信息系统，将应诉工作纳入电子流程监控范围，使商标评审案件审理的全过程均处于信息化流程监控中。

三是全程留痕管理，实时开展电子监察。实现了对受理、审理、应诉等流程的全程留痕管理，实现了责任明晰、流程监控实时、准确、高效的目标，有效防范了违规、违纪行为的发生。

国家商标局从2012年开始在每年的商标战略发展报告中提出信息化建设，表明信息服务平台，商标信息库建设对于商标发展的作用是不能忽视的。2012年在保障商标注册管理自动化二期系统平稳运行的同时，配合新商标大楼信息化建设，结合《商标法》修改，做好了信息化三期工程建设，完成17项软件开发，对商标网上服务系统进行硬件升级改造，扎实推进商标政务公开，做到网上查询系统和内部审查系统每周数据同步，中国商标网点击数超过33.3亿次。逐步推进网上申请扩容工作，2012年受理商标网上申请89.3万件，同比增长23.3%，占同期申请总量的60.19%。目前，电子化管理的软件也进入试运行阶段，商标档案的现代化管理水平上了新台阶。

2013年商标信息化工作在2012年基础上又有所提升，在三期系统上线运行之前进行各项准备工作。在硬件和软件上，积极做好维护工作，保证了系统24小时无故障运转。

2014年最重要的大事就是商标注册与管理自动化系统三期工程正式上线。从2014年4月起，相继组织开展了商标自动化数据库的数据转移、新系统上岗培训、各业务部门分批上线和业务软件测试工作，为商标工作提供稳定高效的信息化支撑。

（二）商标代理服务机构

随着我国商标战略实施的不断深化，我国商标代理行业蓬勃发展，商标代理机构的发展一定程度上也反映了我国商标战略实施的效果。我国商标代理行业的发展水平可以在法制和规模两个方面体现出来。

1. 商标代理立法

2010 年，社会各界对商标事业的关注度和参与度不断加强，律师从事商标代理的意愿空前高涨，因此为了促进商标代理事业的健康发展，国家工商局在 7 月 12 日修订并发布了《商标代理管理办法》，允许律师事务所直接从事商标代理业务，这对商标代理行业的发展和律师行业的发展都发挥了促进作用，也进一步推进了商标事业的发展和繁荣。

2011 年 10 月 14 日，国家知识产权局、工商总局等十部委联合发布了《国家知识产权事业发展“十二五”规划》，明确提出十项重大工程。该规划把商标代理组织纳入知识产权服务业培育工程，强调“鼓励和支持境外高水平知识产权服务机构与国内知识产权服务机构加强交流与合作。推动知识产权服务机构开展知识产权战略、分析预警、无形资产并购重组、涉外知识产权纠纷等高端咨询服务业务”，拓宽了商标代理业务的广度和深度。该规划成为我国商标代理行业长期发展的政策基础。

2012 年 11 月 6 日，国家工商总局、司法部联合发布了《律师事务所从事商标代理业务管理办法》，2013 年 1 月 1 日开始实施。管理办法的发布施行对于完善知识产权代理制度，确立律师在商标代理业务领域的法律地位，加强知识产权法律服务和法律保障，推动律师工作更好的服务创新型国家建设，具有重要意义。

2013年1月1日，《律师事务所从事商标代理业务管理办法》施行，首批7 864家律师事务所于2013年3月1日在商标局备案。截至2013年年底，共备案律师事务所8 222家。管理办法的施行，标志着律师事务所及其律师正式进入商标代理行业，对于完善知识产权代理制度，推动商标代理行业规范健康发展具有重要意义。同年颁布了新《商标法》，其明确了商标代理机构的权利和义务，明确了商标代理机构实施违法行为应承担的责任等。

2014年5月1日，新《商标法》和《商标法实施条例》同步施行。新《商标法》第十九条、第二十条和第六十八条，规定了商标代理机构的权利和义务；明确了对商标代理机构实施违法行为应承担的法律责任；明确停止受理违法商标代理机构商标代理业务的强力措施；强化了商标代理行业组织的自律管理；提出了建立商标代理机构信用档案。《商标法实施条例》首次设置了“商标代理”专章（第九章），进一步解释说明了商标代理机构的定义、开展业务的要求、必须遵守的规范和明令禁止的行为，体现了对商标代理行业监管的重视。

2. 全国商标代理机构发展规模

自2008年实施商标战略以来，到了2010年仅两年时间我国商标代理组织就首次突破了1 000家。到了2014年底，我国商标代理机构总数为12 574家，增长率为19.2%。其中，律师事务所8 417家，新增经工商登记的商标代理机构2 024家，新增律师事务所195家。表2－17列出了代理机构总数和每年的增长率。

由表2－17、图2－33、图2－34可以看出，我国商标代理机构数在2010年总数为5 678家，到了2014年为12 574家，年均增长22.2%，增速在2011年达到了顶峰，为24.6%。其后由于我国经济形势较差，代理机构增速虽然有所回落，但总体上仍然保持着较高的发展速度。商标代理机构的快速发展极大地提高了我国企业商标注册申请的效率，使社会商标服务的总体水平有了很大的提高。

表 2－17　　全国商标代理机构总数

时间		2010 年	2011 年	2012 年	2013 年	2014 年
代理机构数	机构数（家）	5 678	7 047	8 719	10 550	12 574
	增长率（%）	22.4	24.6	23.7	21.0	19.2

数据来源：2010—2014 年中国商标战略年度发展报告，增长率由笔者根据原始数据计算。

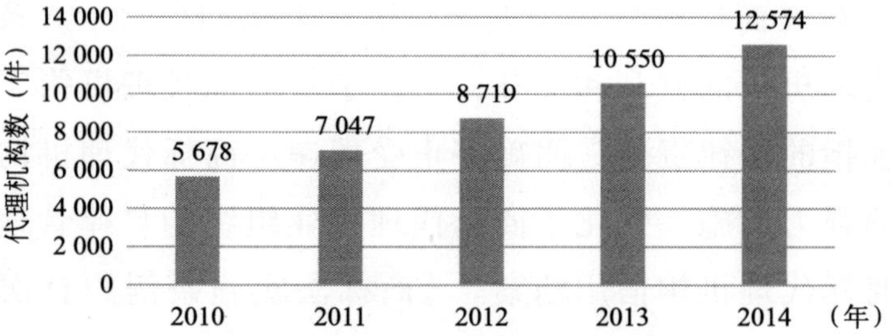

图 2－33　我国商标代理机构总数

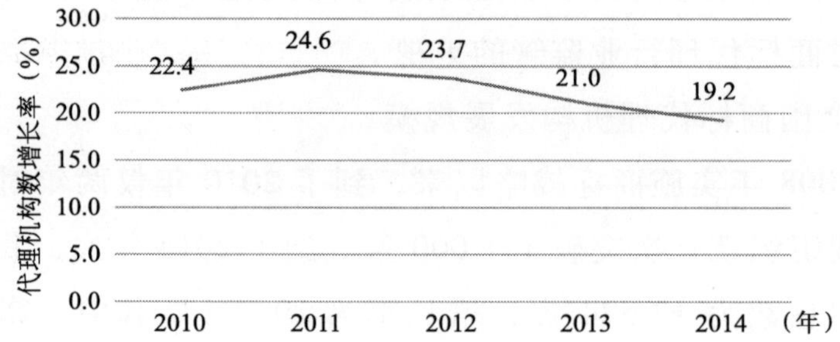

图 2－34　我国商标代理机构数增长率

（三）商标意识

我国商标意识环境现状还处于需要普及的状态，商标意识的普及现状决定了商标意识环境处于什么样的状态。目前，由于商标战略是由国家主导的一项战略，我国的官方行政执法机关在普及商标意识的工作中处于主动地位，各个机构积极开展了诸如知识产权宣传周、商标法律宣传活动等普及商标意识的各项活动，为普及商标意识做出了巨大贡献。

相比政府层面积极的态度，企业商标意识还处于参差不齐的状态。一部分管理水平较高的企业早就普及了商标意识，为自身的发展提供坚实的基础，而绝大多数企业还处于对商标意识较为模糊的状态，如何向其普及商标知识以提高其商标意识是相关部门的必要功课。我国有关部门对商标意识的建设取得了一定成效。

1. 商标知识宣传

每年我国都会举办全国知识产权周宣传活动，普及商标意识已经成为全国知识产权周宣传活动中的一个重要内容。

2011 年全国知识产权宣传周活动的主题为“知识产权助推经济转型”，国家工商总局按照组委会安排，突出工商部门的特点，紧紧围绕“商标战略助推经济转型”的主题，以贯彻落实《国家知识产权战略纲要》、大力推进商标战略为主线，充分利用各类媒体，向社会各界大力宣传商标战略实施的意义和取得的显著成效，经过全系统的共同努力，圆满完成了各项宣传任务。2012 年全国知识产权宣传周活动的主题为“培育知识产权文化促进社会创新发展”。国家工商总局按照组委会安排，突出工商部门的特点，紧紧围绕“培育商标文化”的主题，以贯彻落实《国家知识产权战略纲要》、大力推进商标战略实施为主线，充分利用各类媒体，向社会各界大力宣传商标战略实施的意义和取得的显著成效，经过全系统的共同努力，圆满完成了各项宣传任务。

2013 年，国家工商总局作为知识产权宣传周组委会成员单位，按照组委会统一安排，紧密围绕“实施知识产权战略，支撑创新驱动发展”的主题，结合工商部门工作特点，以贯彻落实《国家知识产权战略纲要》、大力推进商标战略实施为主线，在知识产权宣传周期间，向社会集中宣传商标战略实施显著成效。在全系统的共同努力下，圆满完成了各项宣传任务。

2014 年全国知识产权宣传周的主题为“保护、运用、发展”，国家工商总局继续作为成员单位，围绕主题，积极参与组委会组织的各项宣传周活动。4 月 22 日，国家工商总局副局长刘俊臣出席了国家知识产权局举办的 2013 年中国知识产权发展状况新闻发布会。会上，针对记者提问，刘俊臣介绍了新《商标法》实施对商标注册、运用、保护、管理等方面产生的影响，以及工商部门下一步贯彻落实新《商标法》的工作安排。同日，由国家工商总局组织编写的《中国商标战略年度发展报告（2013）》（中英文版）正式向社会发布，并向相关国家部委、地市级以上人民政府、全国县级以上工商行政管理机关赠阅，广泛宣传 2013 年全国商标战略实施工作的新情况和商标工作取得的新成绩，大力推进“尊重知识、崇尚创新、诚信守法”为核心的知识产权文化建设。

全社会的商标意识普遍提高。各级政府高度重视商标工作，尊重劳动、尊重知识、崇尚创新、诚信守法的知识产权文化逐步形成，符合社会主义市场经济特色的商标文化基本建立。知识产权意识深入人心，自觉抵制假货的健康消费理念进一步增强。商标知识日益普及，各类商标专业人才队伍得到大力发展。尊重和保护商标的社会环境、文化环境、法治环境日臻完善。

2. 商标知识培训

现阶段，由于我国商标战略从 2008 年才起步，政府商标工作人员和社会大众的商标意识基本还处于比较低的水平，商标知识培训是国家层面上对商标意识重视的表现，通过商标知识培训可以使群体认识到商标的重要性，商标意识也就提高了。本章主要对2010—2014年国家级的商标培训活动做介绍。

2012年12月10日至14日，全国工商行政管理系统商标战略实施培训班在总局行政学院举办，各省、自治区、直辖市商标局有关同志共92人参加了此次培训学习。培训内容包括商标战略实施情况、国际国内经济形势、商标战略实施的国际政策与国内方略、危机管理与媒体沟通、行政管理中的协调与沟通、商标法修订最新动态、地理标志保护与运用、商标海外维权等。通过培训深化了学员对商标战略实施总体形势的认识，夯实了理论基础，使与会人员的商标管理和保护意识有了明显提高。

为贯彻落实国家创新驱动发展战略，深入推进商标战略实施，有效利用商标促进经济发展，2014年国家工商总局深入开展“商标与经济发展关系”课题研究，全面摸清商标注册、运用和保护的现状，分析发现商标与经济发展的内在联系，提出建设性意见和建议。课题研究从商标的功能与作用、影响商标注册申请量的因素研究、商标运用与经济发展的典型研究与实证分析、商标保护与市场环境的实证研究、商标与创新关系的实证研究、地理标志与区域经济发展、商标密集型产业与经济发展等方面展开。

项目组对商标局历年政策进行了梳理，首次将商标数据和企业数据进行匹配研究分析，得到了国内生产总值（GDP）和商标注册量、申请量的相关程度数据，得出了许多令人振奋的结论。通过分析得到，平均拥有注册商标量与地区经济发展水平高度相关，国内生产总值（GDP）与商标申请量的相关系数为0.9813，国内生产总值（GDP）与商标注册量的相关系数为0.9209。通过这些直观的数据使得与会政府工作人员清晰地认识到了商标在某个地区发展中的促进作用，商标管理运用和保护的意识有了显著提高。

从上述商标服务分析中可以看出，尽管商标信息化建设正在逐渐趋于完善，商标代理机构的发展规模也在逐步壮大，商标知识的宣传和培训等体现商标意识的工作也在有序开展，但是仍然缺乏有关商标服务效果的评价手段和方法。基于此，本书提出要对商标服务的效果进行合理有效的评价。

第四节　商标队伍建设基本情况分析

加强商标人才队伍建设，是全面深入推进商标战略实施、服务创新型国家建设的坚强组织保障和人才保证。本部分介绍了商标人才队伍建设涉及的多个市场主体，包括商标行政执法部门的商标队伍建设、商标代理队伍的建设以及企业自身的商标队伍建设。

一、行政执法部门队伍建设情况分析

（一）全国行政执法部门队伍建设情况分析

截至2010年底，国家工商总局商标局下设25个处（部），干部编制285人，在职干部247人，其中党员179人；从职务上看，司局级干部6人，处级干部124人，其中处长20人、副处长51人、调研员15人、副调研员38人；从学历上看，拥有本科以上学历的233人、占全局干部总数的94.3%，其中博士3人、硕士79人、本科151人。全国各级工商行政管理机关共有商标管理人员17 038人，其中党员13 746人；从职务上看，司局级干部34人，处级干部601人，科级干部5 727人；从学历上看，大专以上学历16 022人，其中博士10人，硕士310人，本

科 8 664 人。2010 年主要围绕着扎实深入开展创先争优活动；通过创先争优活动焕发出巨大精神动力，不断提高商标局整体素质和工作水平；全系统商标管理队伍建设等。

2011 年继续深入开展创先争优活动，通过“走出机关、服务基层”活动、“为民服务、创先争优”活动、“领导点评和群众评议创先争优”活动等，将创先争优活动推上新的台阶。以庆祝建党 90 周年为契机，开展纪念中国共产党成立 90 周年系列活动，加强领导班子和干部队伍建设，深入开展党建工作、学习型机关建设、党风廉政建设、文明和谐机关建设，推动商标局队伍建设再上新台阶。扎实推进人才战略实施，全系统商标管理队伍建设，狠抓理论学习，强化教育培训，积极转变作风，热情服务企业和群众。

2012 年全国商标队伍建设重点在于深入学习党的十八大精神，扎实深入开展创先争优活动，大力加强思想建设、学习型机关建设、干部队伍作风建设、基层党组织建设、党风廉政建设、文明和谐机关建设。对于干部队伍建设，尤其要以加强“三个过硬”为重点，以认真开展“学雷锋”系列活动为抓手，深化教育防范，强化监督制约。全系统商标管理队伍建设大力推进专家型、复合型商标管理人才培养，通过开展商标战略研讨，加强教育培训，积极转变作风等工作，努力造就“政治上过硬、业务上过硬、作风上过硬”的高素质、专业化商标监管执法队伍，进一步提升商标服务水平。

2013 年全国商标队伍建设重点在于商标局建设、商标评审委员会建设及全系统商标管理队伍建设。其中，商标局人才队伍建设开展了扎实推进党的群众路线教育实践活动，贯彻落实中央“八项规定”精神，切实改进工作作风，认真落实党建工作责任制，全面落实党风廉政建设责任制的各项要求。商标评审委员会建设以提高政治素质、业务素质、作风素质为重点，进一步明确系统风险防控目标，扎实推进党风廉政建设。全系统商标管理队伍建设，召开全系统贯彻落实新商标法电视电话会议，加强教育培训，积极开展党的群众路线教育实践活动，切实转变工作作风。

2014 年全国商标队伍建设重点在于商标局干部队伍建设、商标评审委员会建设及各地商标队伍建设。商标局干部队伍建设，切实加强思想政治工作，落实从严治党要求，深入学习贯彻中央八项规定精神，持之以恒反对“四风”，巩固和拓展教育实践活动成果，全面落实党风廉政建设主体责任，发挥群团组织桥梁纽带作用，加强文明和谐机关建设。商标评审委员会建设重点在于推进学习型、服务型、创新型机关党组织建设。各地商标管理队伍建设重在开展形式多样的商标培训工作，推进人才队伍建设，努力改进作风，热情服务企业和群众。

通过以上对全国行政执法部门商标队伍建设近五年重点工作的总结，我们可以看出，行政执法部门商标建设在国家工商总局党组的正确领导下，商标执法部门推动了领导班子建设、队伍建设、作风建设和党风廉政建设。

（二）江苏省行政执法部门队伍建设情况分析

江苏省执法部门重视商标执法队伍建设，严格按照相关法律法规的规定、国家工商总局的要求，并结合江苏省地方性法规，深入开展江苏省执法部门商标队伍建设，使商标执法队伍的业务素质不断提高，有效地保护了商标建设成果。近年来江苏省执法部门商标队伍建设的主要内容包括以下几个方面。一是加强组织学习，提高业务素质。学习有关国家及地方法律法规和相关文件，例如，学习新《商标法》《国家知识产权战略纲要》《关于贯彻落实〈国家知识产权战略纲要〉大力推进商标战略实施的意见》《驰名商标认定和保护规定》《江苏省知识产权战略纲要》等。二是加强党风廉政建设，提高服务意识。认真贯彻党的十八大、十八届三中、四中、五中及习近平总书记系列重要讲话精神，加强党员学习教育，提升党员综合素质，使机关党员思想认识进一步提高，工作作风进一步转变，廉洁自律意识进一步强化，服务意识进一步增强。三是增强法治观念，提高执法水平。工商行政部门加强文明执法，执法做到"有法可依、有法必依、执法必严、违法必究"，执法水平和效果逐步提高。四是开展多样的与商标相关的竞赛活动，加强执法队伍的商标战略意识，比如在全省工商系统开展"商标战略服务能手"竞赛活动。

从上述行政执法部门商标队伍建设情况分析可以看出，全国和江苏省的行政执法部门商标队伍建设越来越专业化，并且行政执法的效率也在逐渐提升。

二、商标代理队伍建设情况分析

（一）全国商标代理队伍建设情况分析

商标代理组织是实施商标战略的重要保证，极大促进了我国商标事业的蓬勃发展。近年来，全国商标代理行业也十分重要注重队伍建设。2010—2014 年全国商标代理队伍建设重点在于建立行业队伍的诚信体系，加强商标代理人管理制度建设培训工作，并且注重国际交流与合作。2010—2014 年间先后举办"中欧商标法国际研讨会""中外商标代理组织合作发展峰会""中外商标代理组织圆桌会议"等，极大促进了商标代理队伍建设。

（二）江苏省商标代理队伍建设情况分析

江苏省不仅是经济强省，而且是商标大省。商标代理组织的队伍建设也是江苏省实施商标战略的重要方面。针对新《商标法》，江苏省工商局积极探索商标代理机构的监管新机制，全面促进商标代理行业规范发展。省工商局建立了商标代理机构黑名单制度，将存在严重违法行为的商标代理机构纳入黑名单，同时在全省工商系统部署开展了商标代理机构专项检查，将恶意抢注、损害委托人合法权益、以不正当手段扰乱商标代理市场秩序等违法行为作为打击重点。在全省商标代理机构中广泛开展“三诚”（诚实经营、诚心服务、诚信立业）活动，组织全省知名商标代理机构在“4·26”世界知识产权日当天向全行业发出《商标代理行业自律倡议书》，发布《江苏省商标代理自律公约》。省工商局鼓励全省优秀商标代理机构组建自律联盟，加强商标协会组织建设。

商标代理队伍建设作为企业或个人进行网上商标申请的代理机构近年来发展迅速，并且代理机构的专业化水平也在不断提升，网上申请效率不断提高。

第五节　江苏省商标战略发展趋势与问题

一、江苏省商标战略发展的趋势

一是各类商标数量呈现上升趋势，驰名商标、著名商标的价值凸显出来。近年来，商标注册申请总量呈上升趋势，省政府高度重视驰名商标和著名商标的申请注册工作，驰名商标和著名商标在商标运用和商标保护中的作用较为明显。

二是国内企业海外注册商标成为发展趋势。近年来，省政府指导企业积极申请商标国际注册，使用自主品牌拓展国际市场，提高自主品牌产品出口比重，支持省内优势产业和企业在境外创建有影响力的知名品牌。引导优势企业通过商标国际注册、跨国兼并、品牌收购、品牌推广等方式实施商标国际战略，逐步把外贸成本优势和产品质量优势转化为品牌价值优势，提升自主品牌国际影响力。

三是互联网注册申请成为商标注册申请重要手段。随着“互联网+”的迅速发展，越来越多的企业或者个人都选择借助商标代理机构作为其商标注册申请的主要渠道，而商标代理机构是唯一具有网上申请资质的机构。近年来，商标代理机构的发展也十分迅速，采用互联网网上申请和注册必然会成为未来商标注册申请的主导趋势。

二、江苏省商标战略有待解决的问题

一是商标战略实施效果评价方法有待进一步完善。通过上述分析发现，尽管政府行政指导、监督和企业商标管理工作在进一步加强，但是有关商标管理实施效果的评价工作还没有开展，商标信息化建设正在逐渐趋于完善，商标代理机构的发展规模也在逐步壮大，商标知识的宣传和培训等体现商标意识的工作也在有序开展。监管部门、企业等采用的商标战略评价手段层次不分明，评价方法系统性不强，过于碎片化，仍然缺乏较为完善的有关商标服务效果的评价手段和方法。

二是商标意识需要进一步加强。商标意识，尤其是公众的商标意识不强，政府与企业对商标的重视程度也需要进一步加强。

三是商标使用有待进一步创新。比如地理标志商标、农产品商标等，虽然申请注册，但是让其为地方经济发展服务，发挥其价值的工作仍然任重道远。僵尸商标的价值创造手段和方法仍需要进一步创新。

第三章

商标战略实施效果评价模型构建

本章针对我国商标战略实施的情况和现有商标战略实施效果评价缺陷，进行了战略实施效果评价指标体系构建及应用研究，建立商标战略实施效果评价指标体系。

第一节　商标战略实施效果评价原则

一、商标战略实施效果评价过程

（一）商标战略指标库及指标筛选

以商标战略实施中的商标创造、运用、保护和管理四个方面为评价内容，从企业、政府、经济、消费者等视角，结合我国商标战略实施的实际情况，建立商标创造、运用、保护、管理、商标意识、保障体系六个维度的指标体系。六个维度下分别设立细化指标，用以保证指标体系的系统性、全面性。

（二）采用 AHP 法确定指标权重

第一步，构造层次结构。将系统所包含的元素划分为不同层次，形成具有递阶性的层次结构。第二步，建立判断矩阵。从上至下地建立判断矩阵，以上一层某元素为准则，将对应的下一层相关元素的重要性进行两两比较，采用 Delphi 法判断其重要性，利用 1—9 比例标度法对重要性程度赋值。第三步，计算相对权重。对于上一层某元素，根据判断矩阵计算各元素的相对重要性的权值。第四步，检验判断矩阵一致性。

（三）评价结果分析

在评价结果分析中，根据综合评价结果衡量商标战略目标完成度，以指标值的波动情况确定关键指标，还可进行商标各阶段战略实施效果纵向比较，以及同类型商标间战略实施效果横向比较。根据最终评价结果，若分值较高，表明商标战略实施效果较好，则可进行下一阶段战略实施；若分值较低，表明商标战略实施效果较差，则需要进行战略实施方案调整。

为了构建商标战略实施效果评价体系，本书采用两步骤进行，一般研究过程和具体研究过程（见图 3－1）。其中，一般研究过程包括在资料收集分析的基础上，汇集所有相关评价指标，形成初选指标库。这阶段采用的方法包括理论分析、文献统计、实际问题需要以及专家咨询。在此基础上，经过市场调研与专家研讨，形成备选指标库，并构建指标体系层次，即目标层、系统层和指标层。而具体研究过程包括确定入选指标，采用 AHP 法为层级指标体系赋权，最终建立评价模型，这将在第五节中详细介绍。

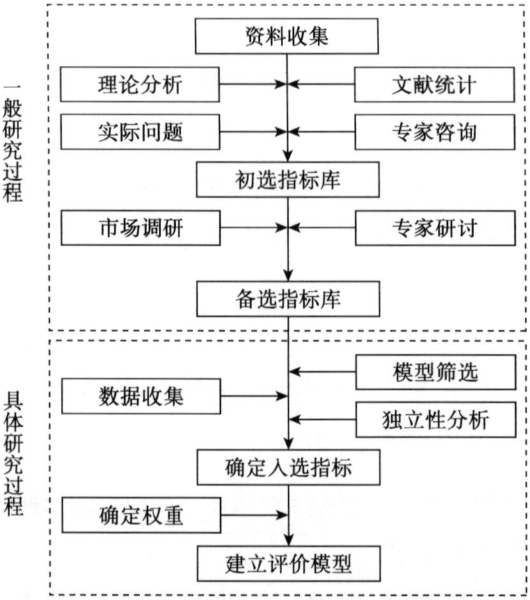

图 3-1　商标战略实施效果评价指标体系构建技术流程图

二、商标战略实施效果的评价原则

建立指标体系是战略实施效果评价的第一步，是整个评价的基础。根据相关理论及实践，在建立指标体系时应遵从如下原则：

（一）指标适量原则

适量原则是指，商标战略实施效果评价的指标数量不能过多，也不能过少，应遵从适量原则。如果评价指标过少，则指标体系可能过于简单，无法涵盖评价对象的全部特点，容易使得评价结果不够全面；反之，如果评价指标过多，则指标体系可能过于复杂，不仅可能淡化关键指标的重要性，无法突显指标间的差异性，还可能导致信息过载，分散商标管理人员的注意力。在选取指标时，应注意区分诊断指标和战略指标，避免指标数量不当。

（二）因果关系原则

战略在其本质上来说，是一套关于因果关系的假设。商标战略实施效果评价体系需要通过阐述各个指标间的关系来体现这种因果关系，而不是指标的简单分类组合，而是根据商标总体战略目标，由一系列动因结果贯穿起来的有机整体。指标体系应该明确表达各个指标、各个层面之间的关系，用以管理和评价战略目标。每一个指标都是商标战略实施效果的因果关系链中的一环。商标战略实施效果评价体系设计中，每个指标的设计都应遵从因果关系原则。

（三）SMART 原则

SMART 原则是指标体系构建中需要遵循的五个方面，即：具体（Special）、可衡量（Measurable）、可达（Attainable）、相关（Relevant）和时效性（Time - based）。具体性是指指标需要具有明确性，针对评价对象的本质特征进行客观描述。可衡量性是指指标需要具有可衡量性，采用相应标准对指标进行评价，并以相同标准作为统一尺度来衡量评价对象是否达到目标。可达性是指指标需要具有可实现性，指标的设定必须是通过努力可以实现的。相关性是指指标需要具有相关性，指标间具有一定的逻辑关系，能构成一个有机整体。时效性是指指标需要具有时限性，指标的实现必须根据实际情况，设置时间限制。

（四）量率结合的原则

"量"指的是总量，用以评价总体实力情况，"率"用以评价相对强度情况，"量""率"指标设计的结合，将其耦合成更为科学的知识产权评价指标体系，便于更科学地评价知识产权对经济增长的贡献值。以“新增驰名商标、著名商标增长率为例”，该指标可科学地反映其自身年度增长率，而指标“企业数/商标”则测量平均多少个企业拥有一个商标，是一个数的测量，该指标反映区域商标整体发展情况。

第二节 商标战略实施效果评价指标体系

依据《国家知识产权战略纲要》和《商标战略实施意见》等文件，商标战略实施中涉及商标创造、商标运用、商标保护和商标管理四个方面。这四个方面直接决定了一个国家和地区商标发展水平和竞争优势，是决定一个国家或地区商标事业发展的硬件。随着我国商标战略实施的深入和进入更佳阶段，商标服务能力的作用日益显现，成为不同地区商标战略实施效果差异的重要因素之一。另外，无论是商标战略实施的四个方面的实现还是服务水平的提高，都需要强有力的人才支撑。商标人才是商标战略实施的关键，是持续竞争优势的基础。与商标战略实施四个硬件相比，商标服务和商标人才是商标事业发展的软件。因此，商标战略实施效果的评价不仅要从商标事业发展的硬件方面考虑，还要兼顾商标事业发展的软件方面，归纳起来，就是商标战略实施效果评价的六个维度，即商标创造、商标运用、商标保护、商标管理、商标服务和商标人才。在此基础上分别确定这六个维度的测量指标。

为确保本书构建的商标战略实施效果评价的指标体系具有可操作性和实用性，在进展过程中还多次征求了政府从事商标管理的官员、商标品牌专家和企业商标管理人员意见，最终确定6个维度 22 个指标体系。

一、商标创造

（一）商标创造的含义

目前，学界对商标创造暂时没有统一的含义，由于商标创造主要以商标注册申请的形式得以体现，商标注册申请情况能够充分体现商标创造的效果。关于商标注册申请的概念，我国不同的学者有不同的观点，他们或者认为商标注册申请是一种法律行为，或者认为商标注册申请是一种法律制度。吴汉东（2008）认为商标注册是指商标使用人为了取得商标专用权，将其使用的商标向商标行政主管机关提出申请，商标行政主管机关经过审核登记备案的制度①。李永明（2003）将商标注册定义为商标使用人依照商标法规定的条件和程序向商标局提出注册申请，经审查核准而取得商标专用权行为②。张耕（2006）则认为商标注册是指自然人、法人或者其他组织为了取得商标专用权，将其使用或者准备使用的商标，依照商标法规定的程序，向国家商标注册主管机关即国家工商行政管理局提出申请，经商标局审查核准，予以注册的法律制度③。商标作为知识产权中极其重要的部分，有关知识产权内容中的相关定义也可以为本项目定义商标创造提供参考。杨晨等（2009）指出，知识产权创造，是指以取得知识产权为目的的发明创造活动和产出，如人员、经费、知识产权量等因素④。综上所述，本项目认为商标创造指企业为了取得商标专用

① 吴汉东．中国知识产权制度评价与立法建议［D］．北京知识产权出版社，2008

② 李永明．知识产权法［D］．浙江大学出版社，2003

③ 张耕．商业标志法［D］．厦门大学出版社，2006

④ 杨晨，杜婉燕，陈永平．区域知识产权战略绩效评价指标体系构建的探究［J］．科技管理研究，2009，29（2）

权，将其使用的商标，依照国家规定的注册条件、原则和程序，向商标局提出注册申请，商标局经过审核，准予注册的法律事实。

（二）商标创造的测量

本书认为，商标创造是商标使用人为获取商标专用权的一种创新行为和结果，行为体现在商标品牌的设计方面，结果体现在商标的法律的确权方面。商标创造的测量采用一定时期内的商标注册申请量和注册量，分别体现商标创造的过程和结果。

1. 商标创造测量的指标库

商标创造测量指标数量有限，多在各级政府的工作文件中有所提及，不过由于知识产权中的相关指标涉及商标创造，因此可以借鉴。《国家商标战略实施示范企业评估指标》中提到商标创造采用了三个指标，分别为：企业国内商标注册情况、企业国际商标注册情况、企业阻止他人恶意抢注自己商标情况。郭民生（2009）在《知识产权战略实施的综合评价指数》中罗列出三个指标：国内商标年注册量、境外商标年注册量、国家驰名商标及著名商标占的比重[①]。此外，根据各类省级、市级、区县级的商标战略规划文件中整理得出八个指标：扶持发展特色农业商标、打造文化产业商标、产业集群品牌培育基地数量、企业商标自主拥有率、商标投入经费占研发经费（R&D）比重、地理标志商标注册情况、工业商标品牌注册情况、服务业商标品牌注册情况。根据以上分析形成本书的指标库，如表 3－1 所示。

2. 商标创造指标筛选

本书将各类文献和政府文件中有关商标创造的指标库进行

① 郭民生．知识产权战略实施的综合评价指数［J］．知识产权，2009，19（1）

表 3-1 商标创造指标库

序号	备选指标	指标来源
1	国内商标注册量	《国家商标战略实施示范企业评估指标》
2	境外商标注册量	《国家商标战略实施示范企业评估指标》
3	驰名商标占比	《国家商标战略实施示范企业评估指标》
4	著名商标占比	《知识产权战略实施的综合评价指数》
5	国内商标年注册量	《知识产权战略实施的综合评价指数》
6	境外商标年注册量	《知识产权战略实施的综合评价指数》
7	企业商标自主拥有率	《江苏省政府关于深入实施商标战略的意见》
8	文化产业商标	《江苏省政府关于深入实施商标战略的意见》
9	工业商标品牌注册情况	《江苏省政府关于深入实施商标战略的意见》
10	产业集群品牌培育基地数量	《江苏省产业集群品牌培育基地确认和管理办法》
11	企业商标自主拥有率	《江苏省政府关于深入实施商标战略的意见》
12	特色农业商标	《关于贯彻落实〈国家知识产权战略纲要〉大力推进商标战略实施的意见》
13	商标投入经费占研发经费比重	《关于贯彻落实〈国家知识产权战略纲要〉大力推进商标战略实施的意见》
14	地理标志商标注册情况	《关于贯彻落实〈国家知识产权战略纲要〉大力推进商标战略实施的意见》

注：项目组根据资料整理。

进一步筛选。为全面反映商标创造情况，本项目在指标选择过程中将存量与增量相结合、国内与国外相结合，共筛选出如下 4 个指标：国内商标年注册量、国内商标年注册增量、马德里商标注册量、马德里商标年注册增量。

国内商标年注册量与增量反映了我国国内商标创造效果，体现了商标创造战略的数量与质量情况。马德里商标年注册量与增量反映了我国企业在海外商标创造效果，体现了我国企业商标国际化程度，存量与增量指标分别代表了我国企业海外商标创造的数量与质量情况。

根据上述分析，商标战略实施效果评价维度的商标创造维度的测度采用 4 个指标，如表 3-2 所示。

表 3-2　　商标创造维度测算指标表

序号	指标选取	选择理由
1	国内商标年注册量	反映在我国国内范围总的商标数量总体情况
2	国内商标年注册增量	反映我国国内商标增长速度及发展潜力
3	马德里商标注册量	反映我国在境外商标总体注册情况
4	马德里商标年注册增量	反映地区在某一时间段内国际商标发展情况

注：项目组根据资料整理。

二、商标运用

（一）商标运用测量的指标库

商标运用测量指标相对较少，只在政府的工作文件中有所提及，但是商标运用指标体系大都与知识产权的指标有所联系，因此可以有所借鉴。郭民生（2009）在知识产权综合评价指数中提到了商标运用测量指标包括三个方面：国家驰名商标产品产值占工业产品产值的比重、著名商标产品产值占工业产品产值的比重、商品许可交易额；杨晨等（2009）指出区域知识产权运用绩效评价体系包括以下方面，分别为：自主知识产权产品产值/10万人、自主知识产权产品利税总额/10万人、自主知识产权产品、技术出口额/10万人、科技成果转化项目的产值/100万元研发投入、商标许可交易额/10万人。而《国家商标战略实施示范企业评估指标》中提到商标运用采用了9个指标，分别为：企业自主商标产品/服务销售收入情况、企业自主商标产品/服务出口情况、企业自主商标产品/服务销售收入在同行业排名情况、企业自主商标产品/服务销售盈利情况、企业自主商标产品/服务纳税情况、企业自主商标产品/服务销售收入占总销售收入比例情况、企业自主商标产品/服务销售收入占总销售收入比例增长情况、企业自主商标产品/服务销售区域（国内）情况、企业自主商标产品/服务销售区域（国外）情况。根据以上分析形成本书的指标库，如表3－3所示。

表3－3 商标运用指标库

序号	备选指标	指标来源
1	驰名商标产品产值占工业产品产值的比重	《知识产权战略实施的综合评价指数》
2	著名商标产品产值占工业产品产值的比重	《知识产权战略实施的综合评价指数》
3	商标许可收入	《知识产权战略实施的综合评价指数》
4	服务销售收入	《国家商标战略实施示范企业评估指标》
5	服务出口	《国家商标战略实施示范企业评估指标》
6	企业自主商标产品/服务销售收入	《国家商标战略实施示范企业评估指标》
7	企业自主商标产品/服务销售盈利	《国家商标战略实施示范企业评估指标》
8	企业自主商标产品/服务纳税	《国家商标战略实施示范企业评估指标》
9	企业自主商标产品/服务销售收入占总销售收入比例	《国家商标战略实施示范企业评估指标》
10	企业自主商标产品/服务销售收入占总销售收入比例增长	《国家商标战略实施示范企业评估指标》
11	企业自主商标产品/服务销售区域（国内）	《国家商标战略实施示范企业评估指标》
12	企业自主商标产品/服务销售区域（国外）	《国家商标战略实施示范企业评估指标》
13	自主知识产权产品产值/10万人	《区域知识产权战略绩效评价指标体系构建的探究》
14	自主知识产权产品利税总额/10万人	《区域知识产权战略绩效评价指标体系构建的探究》
15	自主知识产权产品、技术出口额/10万人	《区域知识产权战略绩效评价指标体系构建的探究》
16	科技成果转化项目的产值/100万元研发经费（R&D）投入	《区域知识产权战略绩效评价指标体系构建的探究》
17	商标许可交易额/10万人	《区域知识产权战略绩效评价指标体系构建的探究》

注：项目组根据资料整理。

（二）商标运用的指标筛选

商标运用是商标创造的目的，是创造经济价值的重要来源，是商标事业发展的核心和关键。商标运用能力是企业乃至地区核心竞争力的载体和表现。商标运用产生的经济效益是衡量商标运用水平和能力的重要手段。本项目对已有测量指标进行了修改完善，并根据专家意见，增添了新的指标来衡量商标运用水平和能力，具体包括四个指标：驰名商标产品产值占 GDP 比重、著名知名商标产品产值占 GDP 比重、商标质押融资和商标许可。

驰名商标产品产值占 GDP 比重和著名商标产品产值占 GDP 比重是对《知识产权战略实施的综合评价指数》中的“驰名商标产品产值占工业产品产值的比重”“著名商标产品产值占工业产品产值的比重”修改而来。修改的主要原因包括：一是 GDP 数据更可获得和数据更权威；二是采用 GDP 数据增加了不同地区指标差距的可比较性；三是指标选择咨询会专家建议采用 GDP 数据更能反映商标运用对经济发展的贡献。

新增“商标质押融资”指标。作为无形资产的商标，越来越得到市场接受和认可，每年由 Interbrand 公司的品牌（商标）价值评估更是引起各界关注，而商标质押融资是商标资产价值的体现，反映了商标运用水平和能力的高低。因此，本项目将“商标质押融资”作为衡量商标运用能力和水平的重要指标。

“商标许可”是商标市场价值和市场影响力的体现，可以作为反映商标运用水平和能力的指标，在指标选取专家咨询会上，专家们也一致认为该指标是反映商标运用的较好指标。

综合以上考虑，本项目以 17 个指标库为基础，完善了商标运用测量指标，具体如表 3 – 4 所示。

表 3 – 4　　商标运用维度测算指标表

序号	指标选取	选择理由
1	驰名商标产品产值占 GDP 比重	反映驰名商标在总商标中的比重
2	著名商标产品产值占 GDP 比重	反映著名知名商标在总商标中的比重
3	商标质押融资	反映商标权作为一种无形资产的价值
4	商标许可	反映商标的影响力和市场接受情况

注：项目组根据资料整理，根据数据的可获得性和准确性，本章将“驰名商标产品产值占工业产品产值的比重”“著名商标产品产值占工业产品产值的比重”两个指标改为“驰名商标产品产值占 GDP 比重”“著名商标产品产值占 GDP 比重”。并增添“商标质押融资”，作为测量商标无形资产市场价值的指标。

三、商标保护

（一）商标保护的定义

商标保护的作用在于使商标注册人及商标使用权人的商标使用权受到法律保护，告知他人不要使用与该商标相同或近似的商标，追究侵犯他人注册商标专用权的违法分子的相关责任，保证广大的消费者能够通过商标区分不同的商品或服务的提供者。同时，最大限度地维护消费者和企业的合法权益。王凯歌（2014）指出商标保护有两种方式：一种是由国家各级工商行政管理部门或公安经济侦查部门主动行使权力对主管辖区内发生的假冒注册商标、商标侵权案件进行依法查处；另一种是由企业、个人向上述两个权力部门举报商标违法、犯罪行为或由相关商标使用权人向法院起诉商标侵权①。杨晨等（2009）指出知识产权保护是指对知识产权所做的各种保护活动，如保护维权状况、保护执法状况、保护进步等因素，此知识产权保护的定义对商标保护有一定的参考意义。针对以上分析，本书认为商标保护是指政府或企业对商标侵权等案件做出的各种保护活动总称。值得注意的是，商标保护的主体并非只有政府，企业自身同样是商标保护的一分子。

（二）商标保护的测量

1. 商标保护测量的指标库

商标保护指标选取需要借鉴文献，有的是直接关于商标保护的指标，而有的是关于知识产权保护的指标，这类指标对商标保护指标选取具有参考价值。《国家商标战略实施示范企业评估指

① 王凯歌．商标在先权法律保护研究［D］．西南交通大学，2014

标》文件中提到商标保护需要如下指标：企业驰名商标、著名商标情况、企业商标行政保护情况、企业商标司法保护情况、企业自主品牌培育情况、企业商标海外维权情况。郭民生（2009）提出的知识产权测评体系中知识产权保护的指标有司法案件年结案率、行政管理机构建设情况、行政执法处理专利纠纷年结案率、知识产权行政执法协调机制。杨晨等（2009）提出的知识产权体系中保护的内容有：知识产权执法资格人员数占知识产权工作人员比重，知识产权行政执法案件年结案率，知识产权行政执法案件线索移交其刑事部门的立案率，海关知识产权行政执法案件数、涉案数量、涉案价值、处罚情况，海关知识产权执法案件年风险布控查获率，知识产权司法案件年结案率，知识产权执行案件的年执行率，企事业单位知识产权维权指导次数。同时，《国家战略实施意见》提出要加大商标行政执法力度，严厉打击假冒等侵权行为，维护公平竞争的市场秩序，切实保护商标权人和消费者的合法权益，充分发挥行政机关在解决商标纠纷中的作用。完善商标侵权投诉渠道，规范立案标准和程序；建立和完善行政执法机关之间、行政执法机关和司法机关之间的联系配合机制。由此可见，商标保护不仅需要司法机关力量，还需要行政执法机关的监督执行。同时，行政机关和执法机关需要密切配合。通过以上分析得出本项目的指标库如表3－5所示。

表3－5 商标保护指标库

序号	备选指标	指标来源
1	驰名商标	《国家商标战略实施示范企业评估指标》
2	著名商标	《国家商标战略实施示范企业评估指标》
3	企业商标行政保护	《国家商标战略实施示范企业评估指标》
4	企业商标司法保护	《国家商标战略实施示范企业评估指标》
5	企业自主品牌培育情况。包括企业阻止自主商标、核心品牌被他人并购	《国家商标战略实施示范企业评估指标》

续表

序号	备选指标	指标来源
6	企业商标海外维权	《国家商标战略实施示范企业评估指标》
7	司法案件年结案率	《知识产权战略实施的综合评价指数》
8	行政管理机构建设	《知识产权战略实施的综合评价指数》
9	行政执法处理专利纠纷年结案率	《知识产权战略实施的综合评价指数》
10	知识产权行政执法协调机制	《知识产权战略实施的综合评价指数》
11	知识产权执法资格人员数占知识产权工作人员比重	《区域知识产权战略绩效评价指标体系构建的探究》
12	行政执法案件年结案率	《区域知识产权战略绩效评价指标体系构建的探究》
13	知识产权行政执法案件线索移交其刑事部门的立案率	《区域知识产权战略绩效评价指标体系构建的探究》
14	海关知识产权行政执法案件数、涉案数量、涉案价值、处罚情况	《区域知识产权战略绩效评价指标体系构建的探究》
15	海关知识产权执法案件年风险布控查获率	《区域知识产权战略绩效评价指标体系构建的探究》
16	知识产权司法案件年结案率	《区域知识产权战略绩效评价指标体系构建的探究》
17	知识产权执行案件的年执行率	《区域知识产权战略绩效评价指标体系构建的探究》
18	企事业单位知识产权维权指导次数	《区域知识产权战略绩效评价指标体系构建的探究》
19	行政执法机关和司法机关之间的联系配合机制	《关于贯彻落实〈国家知识产权战略纲要〉大力推进商标战略实施的意见》
20	企业的商标品牌意识和自我维权能力	《关于贯彻落实〈国家知识产权战略纲要〉大力推进商标战略实施的意见》
21	企业开展跨区域、跨省乃至跨国商标维权	《关于贯彻落实〈国家知识产权战略纲要〉大力推进商标战略实施的意见》
22	查处侵权假冒案件数	2009—2015 年《中国商标战略年度发展报告》

注：项目组根据资料整理。

2. 商标保护的指标筛选

商标保护是商标事业健康发展的保障，是知识产权保护的重要组成部分。随着商标事业的发展，商标保护的方式越来越多，例如，商标注册、驰名商标、著名商标、商标行政保护、商标司法保护等。本项目筛选指标的依据是要能够涵盖到商标保护的所有方面，保护主体上要有政府和企业，区域上要有国内保护和境外保护，手段上行政保护和司法保护相结合。本项目根据商标保护指标库，在22个指标库的基础上，提取和修改完善4个关键指标用于衡量商标保护水平和能力，包括：驰名商标数、商标一般违法案件数、查处侵权假冒案件数、商标侵权罚款金额。

驰名商标数是衡量地区商标保护力度和水平的重要指标，国家专门制定了《驰名商标认定和保护规定》。驰名商标的认定扩大了商标的保护力度和范围，加大了对假冒侵权的查处力度。

商标一般违法案件数是商标保护的重要指标，商标一般违法案件的查处以《商标法》为依据，反映对商标侵权行为的查处范围和力度。

查处侵权假冒案件，即每年假冒伪劣产品、商标侵权案件。政府、企业和消费者对商标侵权假冒事件重视程度高，反映我国商标保护的力度和影响力。该指标来源于《中国商标战略年度发展报告》中。

新增"商标侵权罚款金额"指标，该指标反映商标保护成效的经济指标，直接反映了对商标侵权行为的查处力度，具有较强的经济惩罚效果，社会影响较大。该指标是衡量商标保护部门的工作成效指标之一，获得了指标筛选咨询会专家的一致推荐。

根据上述分析，商标管理维度的测度采用4个指标，如表3-6所示。

表3-6　　商标保护维度计算指标表

序号	指标选取	选择理由
1	驰名商标数	国家对驰名商标有着严格的保护，该指标反映了一个地区对商标保护的力度和程度
2	商标一般违法案件数	该指标指政府对商标侵权假冒事件处理数量，反映我国商标保护的力度和影响力
3	查处侵权假冒案件数	反映政府行政手段对商标保护的能力
4	商标侵权罚款金额	和行政手段相辅相成，反映政府司法手段对商标保护的能力

注：项目组根据资料整理。

四、商标管理

（一）商标管理的含义

张莉（2006）指出，从管理主体和调整范围的分类上来看，可分为政府层面的商标管理，即宏观商标管理，以及企事业单位的商标管理，即微观商标管理。因此商标管理是指政府或企业采取措施对商标注册、使用、转让等行为进行监督或经营管理的总称①。可以看出的是，商标管理并不局限于行政手段，它是对商标注册、使用等行为监督的统称。张琪（2002）从商标管理的内容角度提出商标管理是指企业采取经营管理活动获得商标的独立行使权、依法转让和使用许可等权利的行为。该定义主要是从企业的角度出发，属于微观层次②。文献对于商标管理的定义不多，但是对知识产权管理和专利管理的定义到可以为本书定义商标管理提供参考。杨晨等（2009）认为知识产权管理是指有关知识产权事业发展所做的各种管理活动，包含人员、机构、组织、经费、规章、制度等配置。李厚泽认为专利管理指的是企业或政府专利管理机构和专利人员为促进科技进步和提高经济效益而进行的专利服务、规划、监督、保护、协调和鼓励等组织活动的总称。通过以上概述，本书认为商标管理是指企业或政府为促进科技进步和提高经济效益而采取的对商标注册、使用、转让等行为进行的专利服务、规划、监督、保护、协调和鼓励等组织活动的总称。

① 张莉．企业商标管理及其绩效评价研究［D］．四川大学，2006

② 张琪．论市场经济下的企业商标管理［J］．中央财经大学学报，2002（4）：63—65

（二）商标管理的测量

1. 商标管理测量的指标库

商标管理指标选取大多与知识产权管理或专利管理联系在一起。如郭民生（2009）在知识产权指标体系中提出知识产权管理共分为六个主要方面：行政管理机构建设情况、行政执法处理专利纠纷年结案率、知识产权行政执法协调机制、综合管理效率、知识产权战略及其协调、相关知识产权政策投入情况。杨晨等（2009）又建立了一套知识产权评价指标体系，并在河南省某县得到实施，其知识产权管理共包括五个方面，分别为规模以上企业知识产权战略规划建设、知识产权示范企业的培育数、知识产权中介服务机构数及执业人员登记数、新增知识产权研究项目数、知识产权商标企业数。除了学者提出的评价指标外，政府文件中也有所涉及，如《国家商标战略实施示范企业评估指标》中就提到商标管理包括商标管理文件的制定、企业内商标规范使用文件制定、企业内商标管理制度的建设与执行情况、专业商标管理机构设置情况、专业商标管理机构主要负责人的级别与地位、专业商标管理机构规模和人数六大指标。除了这些直接给出的指标外，有一些政府文件也对商标管理做了笼统的指示，可作为参考。如《关于贯彻落实〈国家知识产权战略纲要〉大力推进商标战略实施的意见》就提出要加强对商标注册与管理工作的统一领导。适应商标战略实施的需要，进一步深化商标行政管理体制改革，形成权责一致、分工合理、决策科学、执行顺畅、监督有力的商标行政管理体制。加强商标注册管理，提高商标审查效率，缩短审查周期，保证审查质量。通过以上分析，可以得出本书的商标管理指标库，如表 3 - 7 所示。

表 3－7 商标管理指标库

序号	备选指标	指标来源
1	行政管理机构建设情况	《知识产权战略实施的综合评价指数》
2	行政执法处理专利纠纷年结案率	《知识产权战略实施的综合评价指数》
3	知识产权行政执法协调机制	《知识产权战略实施的综合评价指数》
4	综合管理效率	《知识产权战略实施的综合评价指数》
5	知识产权战略及其协调	《知识产权战略实施的综合评价指数》
6	相关知识产权政策投入情况	《知识产权战略实施的综合评价指数》
7	规模以上企业知识产权战略规划建设	《区域知识产权战略绩效评价指标体系构建的探究》
8	知识产权示范企业的培育数	《区域知识产权战略绩效评价指标体系构建的探究》
9	知识产权（商标）中介服务机构数及执业人员登记数	《区域知识产权战略绩效评价指标体系构建的探究》
10	新增知识产权（商标）研究项目数	《区域知识产权战略绩效评价指标体系构建的探究》
11	知识产权（商标）贯标企业数	《区域知识产权战略绩效评价指标体系构建的探究》
12	商标管理文件的制定	《国家商标战略实施示范企业评估指标》
13	企业内商标规范使用文件制定	《国家商标战略实施示范企业评估指标》
14	企业内商标管理制度的建设与执行	《国家商标战略实施示范企业评估指标》
15	专业商标管理机构设置	《国家商标战略实施示范企业评估指标》
16	专业商标管理机构主要负责人的级别与地位	《国家商标战略实施示范企业评估指标》
17	专业商标管理机构规模和人数	《国家商标战略实施示范企业评估指标》
18	商标注册管理	《国家商标战略实施示范企业评估指标》
19	商标审查人员管理制度	《商标战略实施意见》
20	商标管理机构设立和相应人员配备	《商标战略实施意见》
21	商标行政管理公开	《商标战略实施意见》

注：项目组根据资料整理。

2. 商标管理的指标筛选

商标管理是商标事业有序推进的保障，有广义与狭义之分。广义的商标管理是指国家主管机关和企业对商标注册和商标使用依法进行管理，既包括国家主管机关对商标的行政管理，也包括企业对商标的经营管理。狭义的商标管理仅指国家主管机关对注册商标和未注册商标的行政管理。我国《商标法》规定的商标管理是指狭义的商标管理。我国越来越重视商标管理工作，商标管理工作提高到战略位置。提高商标管理水平和能力既可促进国家与地方经济的发展，带来良好的社会效益与经济效益，也有利于树立我国在世界上保护知识产权的良好形象。本项目以商标管理指标库为基础，综合提炼出三个指标衡量商标管理水平和能力，包括：商标管理制度、商标信息化平台、商标管理工作公开情况。

商标管理制度反映了商标管理科学化、系统化和制度化程度。商标管理制度的不断完善能够有效提高商标服务和管理效率，使商标管理工作做到公开、公正和透明，是提高工商行政管理部门的专业化管理水平的依据。

新增“商标信息化平台”指标，该指标是“互联网+”政务的重要体现。商标信息化平台是借助信息化手段，将商标服务有关的代理服务、信息咨询服务、交易服务、融资服务、法律服务和人才服务等方面，依托相应的政府部门、高校及企业平台，进行信息化、数据化处理，为所有需要商标服务的参与者提供他们最为需要的信息。因此商标信息化平台建设也应该是商标管理不可或缺的维度。

商标管理工作公开情况。该指标反映政府及其各商标管理部门管理商标的效能，用每万件商标的投入费用表示。

商标管理工作公开情况，该指标来源于《商标战略实施意见》。提升商标行政管理工作的透明度，增强全社会对商标注册和保护工作的了解。国家工商总局按年度制定和发布《商标战略发展报告》，及时公布商标战略实施情况。建立健全商标执法机关和企业、社会公众之间畅通的沟通和交流渠道。这些商标管理公开工作将提高公众参与的积极性，为商标战略实施的深化打下基础。

根据上述分析，商标管理维度的测度采用3个指标，如表3－8所示。

表3－8　商标管理维度测算指标表

序号	指标选取	选择理由
1	商标管理制度	该指标反映了商标管理制度的完备程度
2	商标信息化平台	该指标反映政府管理商标管理的效能
3	商标管理工作公开情况	管理工作的公示情况反映商标管理工作的透明度，公开商标管理工作将提高群众参与的积极性，为商标战略实施的深化打下基础

注：项目组根据资料整理。

五、商标服务维度

（一）商标服务的含义

随着商标战略实施的不断推进，商标知识产权保护意识的不断提升，我国对于商标服务的需求也在不断增长，商标服务目前具有广阔的市场空间和发展前景。

尽管商标服务十分重要，但是现有文献以及国家、省、市级政府相关部门仍然没有提出明确的有关商标服务的含义。商标属于知识产权的范围，商标服务的含义可以借鉴于知识产权服务的含义，而知识产权服务在相关文献以及政府相关文件中都有涉及。杨铁军（2010）①、洪群联（2011）②以及虞文武等（2013）③都

① 杨铁军．知识产权服务与科技经济发展［M］．北京：知识产权出版社，2010

② 洪群联．我国知识产权服务体系发展现状与战略思路［J］．经济纵横，2011（11）

③ 虞文武，王冬林，范丽恒．常州市知识产权服务体系建设的对策研究［J］．科技管理研究，2013（15）

将知识产权服务体系界定为知识产权服务体系是以专利、商标、版权等知识产权制度和相关法律法规为基础，以政府部门、中介机构、大学和研究机构、知识产权事务服务中心、行业协会等各类组织为服务载体，以高新技术企业等创新主体的知识产权权利人为主要服务对象，为社会提供代理、评估、质押、风险投资、预警、展示交易、许可、培训、诉讼、维权、信息等服务的各类机构和社会资源的总和。杨红朝（2014）认为知识产权服务体系，又称知识产权服务业体系。知识产权服务体系，是以知识产权法律为基础，以为知识产权创新主体（企业、高校、科研机构、非职务发明人）提供各类知识产权（专利、商标、著作权、植物新品种和其他知识产权、特定领域知识产权）确权、用权和维权相关服务，以知识产权服务机构、社会组织（包括产业联盟）为主体组成的各类机构和社会资源的系统①。

本书借鉴知识产权服务体系的概念，认为商标服务的含义就是以商标相关的产权制度和法律法规为基础，以政府部门、商标中介机构、大学和研究机构、商标行业协会为服务载体，以需要商标服务的企业等为主要服务对象，为社会提供代理、评估、质押、风险投资、预警、展示交易、许可、培训、诉讼、维权、信息等服务的各类机构和社会资源的总和。

知识产权服务体系的服务内容主要包括知识产权创造、流通（运用）、保护和知识产权人力资源服务四个环节，具体讲，可分为知识产权代理服务、知识产权信息咨询服务、知识产权交易服务、知识产权融资服务、知识产权法律服务和知识产权人才培养服务六个方面。因此，商标服务的范围，从商标服务内容来看，包括商标创造、流通（运用）、保护和商标人力资源服务四个环

① 杨红朝．知识产权服务业培育视角下的知识产权服务体系发展研究［J］．科技管理研究，2014（8）

节，具体讲，可分为商标代理服务、商标信息咨询服务、商标交易服务、商标融资服务、商标法律服务和商标人才培养服务六个方面。

（二）商标服务的测量

1. 商标服务测量的指标库

有关商标服务的指标体系多与知识产权服务体系的指标有关联。虞文武、王冬林、范丽恒（2013）在研究常州市知识产权服务体系建设时认为知识产权服务体系包括以工业产权和版权等知识产权制度和相关法律法规为基础，以行政管理部门、中介机构、大学和科研院所、知识产权服务中心和平台、行业协会等各类组织为服务主体，以高新技术企业等创新主体为主要服务对象，以提供知识产权创造、运用、保护和管理等服务内容的各类机构和社会资源的总和。张淑亚（2010）指出我国的知识产权服务体系主要由知识产权专门机构、行业协会、律师事务所和知识产权行政管理部门组成，其具体的服务职能亦有区别，在我国知识产权服务体系中各自发挥着重要的作用①。杨红朝（2014）认为，知识产权服务体系应该从健全知识产权服务的法律政策体系、建立公共服务和市场化服务协调发展的知识产权服务体系、充分发挥知识产权服务行业协会（联盟）的作用等方面完善知识产权服务体系的建议。李室荣（1992）认为，商标经济意识自然包含商标意识，商标意识包括商标兴业意识、商标决策意识、商标获权意识、商标竞争意识、商标保护意识等，这些商标意识都体现在政府、企业以及消费者层面上②。此外通过对各省、市及

① 张淑亚．我国知识产权服务体系的总体框架与经济发展［J］．特区经济，2010（11）

② 李室荣．商标意识面面观［J］．知识产权，1992（3）

地区的商标战略服务的查找和梳理，商标战略服务指标还包括商标意识（政府、企业、消费者）、高校商标研究项目新增数、商标代理人数量/10 万人、商标申报代理率、商标代理机构数等。通过以上分析我们构建起商标服务的指标库，如表 3 –9 所示。

表 3 –9　　商标服务指标库

序号	备选指标	指标来源
1	知识产权专门机构	《我国知识产权服务体系的总体框架与经济发展》
2	行业协会	《我国知识产权服务体系的总体框架与经济发展》
3	律师事务所	《我国知识产权服务体系的总体框架与经济发展》
4	知识产权行政管理部门	《我国知识产权服务体系的总体框架与经济发展》
5	法律政策体系	《知识产权服务业培育视角下的知识产权服务体系发展研究》
6	公共服务和市场化服务	《知识产权服务业培育视角下的知识产权服务体系发展研究》
7	商标意识	《商标意识面面观》
8	商标战略满意度（企业）	相关行业满意度测量数据
9	高校商标研究项目新增数	《常州市知识产权服务体系建设的对策研究》
10	商标申报代理率	《广东省深圳市人民政府关于制定深圳市知识产权指标体系的意见》
11	商标代理机构数	历年《中国商标战略年度发展报告》

注：项目组根据资料整理。

2. 商标服务的指标筛选

随着全面深化改革推进，政府职能向服务型政府转变。工商行政等相关部门也在着力打造服务型部门，商标服务成为推动商标事业发展的润滑剂，激发了广大市场主体商标注册的积极性，影响商标战略实施效果。本项目以上述商标服务指标库为基础，结合本项目研究的需要，强调商标服务指标应该着重体现出商标服务的意识层面、商标服务的代理服务、商标服务的信息咨询及交易层面以及商标服务的效果层面。从 11 个指标中初步筛选出三个指标来衡量商标服务水平和效果，包括：商标意识（政府、企业、消费者)、商标满意度（政府、企业、消费者）和每万户企业拥有的商标代理机构数，增添了“商标政策支持”指标。

政府、企业、消费者对于商标服务是否满意是衡量商标服务水平的重要指标。事实上，尽管有了商标服务，但是也并不意味着商标服务的结果都能令人满意。对于商标战略的满意度是对商标服务优劣的评价，对于充分发挥商标服务的优势，并且在以后的商标服务过程中进一步提升商标服务质量具有重要意义。因此本项目提出要从政府、企业、消费者三个方面来衡量商标服务的满意状况，而商标战略的满意度（政府、企业、消费者）也需要通过问卷测量。

商标意识是政府、企业、消费者对于商标创造、运用、管理及保护等活动所能提供的服务，具备的相关意识、观念等等。商标意识是考察商标的一个重要维度，商标战略涉及政府、企业及消费者三个方面，这三个方面的参与者必须在使用商标过程中认识到商标的价值和作用，比如政府要注重商标意识的培养，为商标创造、运用、管理及保护等提供必要的法律及制度支持，而这些都离不开政府相关部门商标意识的不断增强。企业作为商标的主要拥有者之一，也必须增强商标意识，对所享有的商标具备自我保护的观念及依照法律法规使用商标的守法观念。消费者也必须增强商标意识，通过商标来更好地参与市场经济活动，获取对自身更为有利的企业及产品信息，满足自身的需要。因此我们选择商标意识作为商标服务的重要指标。但是由于意识看不见摸不着是个很抽象的东西，所以在这里我们需要使用层次分析法通过观测变量来考察意识问题，共有三个维度，分别为：政府商标意识、企业商标意识、消费者商标意识。商标意识的测量要采用问卷或者量表进行测量。

商标代理机构数/万企业是区域内从事商标代理工作的组织

机构覆盖程度。商标代理服务是商标服务中十分重要的部分。我国从1990年就开始试点推行商标代理制，商标代理组织和商标代理从业人员队伍的发展壮大对我国商标战略的实施是具有重要推动作用的。近年来，为了更好推行商标战略，营造更好的竞争环境，商标代理方面的管理制度等也在不断规范，不管从国家政府层面、代理行业层面都在提倡依法执业、依法履行、自觉自律。因此商标服务的指标体系中必须体现商标代理服务，我们选择商标代理机构覆盖程度作为衡量商标代理服务的相应指标。商标代理机构数的测量来自于政府相关部门提供的报告，比如《中国商标战略年度发展报告》。

新增"商标政策支持"指标，反映了地区政府对商标战略的支持程度，是政府服务商标的重要体现。各地政府为了促进当地商标事业的发展，出台多项鼓励措施，比如吉林省质量技术监督局关于印发《吉林省使用地理标志产品专用标志奖励办法》、安徽省质监局、省扶贫办下发《关于推进国家地理标志产品精准扶贫的指导意见》、北京市出台《驰著名商标奖励办法》等。

根据上述分析，商标战略实施效果评价维度的商标创造维度的测度采用4个指标，如表3－10所示。

表3－10　　商标服务维度测算指标表

序号	指标选取	选择理由
1	商标满意度	商标战略的满意度是对商标服务优劣的评价，对于充分发挥商标服务的优势，并且在以后的商标服务过程中进一步提升商标服务质量具有重要意义
2	商标意识	商标意识涉及政府、企业及消费者，必须在使用商标过程中认识到商标的价值和作用
3	商标代理机构数/万企业	商标代理组织和商标代理从业人员队伍的发展壮大对我国商标战略的实施具有重要推动作用
4	商标政策支持	反映某一地区政府对商标战略的支持程度，是政府服务商标的重要体现

注：项目组根据资料整理。

六、商标人才

（一）商标人才的含义

有关商标人才确切含义的文献以及报告并不多，因为商标属于知识产权范畴，因此我们通过知识产权人才的含义来界定商标人才的含义。钱建平（2010）[①] 指出知识产权人才从结构上看包括知识产权创造人才、知识产权管理人才、知识产权研究人才和知识产权中介服务人才等；从工作内容上看，可以把知识产权人才分为专利事务方面的人才、商标事务方面的人才、版权事务方面的人才和其他知识产权事务方面的人才等；从人才层次上看，可以把知识产权人才分为高级知识产权人才（如知识产权国际保护人才、知识产权战略人才、知识产权师资等）、中级知识产权人才（如企业知识产权主管人员）和普通知识产权人才等。

本书指出商标人才就是指与商标的创造、运用、管理、保护以及服务等工作相关的各种专业性人才，是实施商标战略的组织保障和人才保证。商标人才队伍建设涉及多个市场主体的参与，包括商标行政执法部门的商标队伍建设、商标代理队伍的建设以及企业自身的商标队伍建设等。

（二）商标人才的测量

1. 商标人才测量的指标库

商标人才维度指标体系的研究提出了许多商标人才指标。《国家商标战略实施示范企业评估指标》将商标人才维度划分为企业内部培训情况、参加外部培训情况、商标人才队伍建设。其中，企业内部培训情况包括培训范围及人数、年培训次数、培训

① 钱建平．论高校对知识产权人才的错位培养［J］．江苏社会科学，2010（6）

人情况、企业决策层参与培训情况、企业培训资金投入情况。企业参加外部培训情况包括参训次数、参训人数量、企业培训资金投入情况。商标人才队伍建设包括企业商标人才队伍学历构成、商标人才队伍专业构成。《国家商标战略实施示范城市（区）评估指标》提出大力培养各类商标专业人才，着重于城市人才建设，本市将商标法律知识列入党政领导干部、公务员培训课程及考核情况，市级工商行政管理部门商标工作长期培训规划制定情况，本市商标工作人员参加各级商标培训情况。《江苏省政府关于深入实施商标战略的意见》指出重视人才培养。强化对领导干部的培训，提高其组织实施商标战略的能力；强化对企业家的培训，提高企业经营商标的能力；强化对企业商标管理人员的培训，提高其商标培育和运用的能力；强化对商标中介服务人员的培训，提高其处理商标事务的能力；强化对商标执法人员的培训，提高其依法行政的能力；强化理论研究和国际交流，提高商标战略实施的决策服务能力。《浙江省人民政府办公厅关于深入实施商标品牌战略的意见》提出企业加强商标品牌人才培育和管理队伍建设。此外《中国商标战略年度发展报告》还指出了政府员工参与商标培训（人数、次数、经费投入）、工商行政部门商标培训规划制定情况、商标工作者/就业人数、商标执法资格人员数/商标工作人员、高校商标研究机构建设情况等等。

《国家商标战略实施示范企业评估指标》的商标人才维度侧重于从企业角度出发，评价企业的人才建设状况。《国家商标战略实施示范城市（区）评估指标》侧重于从城市层面评价城市商标人才建设状况。《江苏省政府关于深入实施商标战略的意见》以及《浙江省人民政府办公厅关于深入实施商标品牌战略的意见》着眼于省级商标人才建设状况。《中国商标战略年度发展报告》统计了国家层面的商标人才建设状况，商标人才衡量指标如

表3－11所示。

表3－11 商标人才维度

序号	备选指标	指标来源
1	企业内部培训情况（培训范围及人数、年培训次数、培训人情况、企业决策层参与培训情况、企业培训资金投入情况）	《国家商标战略实施示范企业评估指标》
2	企业参加外部培训情况（参训次数、参训人数量、企业培训资金投入情况）	《国家商标战略实施示范企业评估指标》
3	商标人才队伍建设（企业商标人才队伍学历构成、企业商标人才队伍专业）	《国家商标战略实施示范企业评估指标》
4	培养各类商标专业人才	《国家商标战略实施示范城市（区）评估指标》
5	商标法律知识培训及考核	《国家商标战略实施示范城市（区）评估指标》
6	商标工作长期培训规划制定情况	《国家商标战略实施示范城市（区）评估指标》
7	商标工作人员参加各级商标培训情况	《国家商标战略实施示范城市（区）评估指标》
8	领导干部的培训	《江苏省政府关于深入实施商标战略的意见》
9	企业家的培训	《江苏省政府关于深入实施商标战略的意见》
10	企业商标管理人员的培训	《江苏省政府关于深入实施商标战略的意见》
11	商标执法人员的培训	《江苏省政府关于深入实施商标战略的意见》
12	政府员工参与商标培训（人数、次数、经费投入）	《中国商标战略年度发展报告》
13	商标工作者/就业人数	《中国商标战略年度发展报告》
14	商标执法资格人员数/商标工作人员	《中国商标战略年度发展报告》
15	高校商标研究机构建设情况	《中国商标战略年度发展报告》

注：项目组根据资料整理。

2. 商标人才的指标筛选

人才是商标事业发展的原动力，商标人才建设直接影响到商标战略实施的效果。本项目在上述商标人才指标库的基础上，对15个指标进行综合整合，筛选出3个关键指标作为衡量商标人才水平和培养情况，包括：商标培训费用、大学本科学历以上占比、商标研究机构数。

商标培训费用是指政府和企业组织与商标相关的培训投入费

用，是十分重要的商标人才队伍建设指标。在指标筛选咨询会上专家们认为商标人数和次数很复杂，涵盖范围广，没办法确切测量，而商标培训费用能够间接地反映商标培训的人数和培训次数，因此本项目只选用商标培训经费作为人才培训的测量指标之一。商标培训费用既包括政府的投入，也包括企业商标培训投入，因为绝大多数的商标都是企业申请注册的，企业也是拥有商标、使用商标、处置商标的主体，企业商标培训情况直接会影响企业运用商标、管理商标、保护商标的能力。

大学本科学历以上人数占商标工作人员比重反映了商标人才队伍建设的综合文化素质水平，是一个地区的商标人才结构优化的方向。高素质的商标人才队伍能够提供更加系统性的商标注册、使用、保护、管理等方面的服务与指导，对商标战略的实施起着十分重要的作用。

商标研究机构建设情况是反映商标事业创新发展指标，商标事业的发展既需要政府部门的引导与指导、市场主体的积极投入，也需要加强理论研究，提高商标事业的理论水平，指导商标战略实施中的创新性。另外，商标研究机构数指标虽然没有直接提到人才，但是研究机构数的多少一定程度上反映从事商标研究的人才数，且具有可观测性。本项目将重点考察产学研的商标研究机构，重点考察高校商标研究机构，例如，南京财经大学江苏省品牌（商标）研究院、南京理工大学知识产权学院等，这些机构承担着我国商标事业的研究，承担相关商标战略实施的课题研究，对商标战略实施理论问题及实践问题的解决都具有重要意义。

根据上述分析，商标人才维度的测度采用 3 个指标，如表 3 – 12 所示。

表 3-12　　商标人才维度测算指标表

序号	指标选取	选择理由
1	商标培训经费	企业商标队伍的建设情况直接会影响企业运用商标、管理商标、保护商标的能力；政府员工参与商标培训反映出政府作为主管部门来规范、管理、引导、推动商标战略实施的能力
2	商标工作者本科以上学历占比	该指标反映出商标队伍人才建设的综合文化素质水平
3	商标研究机构数	该指标反映出商标研究的平台水平，对于分析及处理相关商标战略实施的课题研究、商标战略实施理论问题及实践问题的解决都具有重要意义

注：项目组根据资料整理。

总之，本书在明确商标战略实施效果品牌 6 个维度的基础上，分别对每个维度构建了相应的测量指标，这些测量指标既有直接采用现有相关文献资料、实践指标，也有对这些指标的综合与修改，还有部分是根据江苏省区域特征和“互联网 +”为代表的新经济环境的特点的新增指标。该指标体系较为系统、全面和科学地反映了国家及地区商标战略实施效果情况。“6 个维度 22 个指标体系”如表 3-13 所示。

表 3-13　　战略实施效果评价指标体系及评测方法

一级指标	二级指标	三级指标	
商标战略实施效果	商标创造	1	国内商标年注册量
		2	马德里商标注册量
		3	国内商标年注册增量
		4	马德里商标注册增量
	商标运用	1	驰名商标产品产值占 GDP 比重
		2	著名商标产品产值占 GDP 比重
		3	商标质押融资
		4	商标许可
	商标保护	1	驰名商标数
		2	商标一般违法案件数
		3	查处侵权假冒案件数
		4	商标侵权罚款金额

续表

一级指标	二级指标	三级指标	
商标战略实施效果	商标管理	1	商标管理制度
		2	商标信息化平台
		3	商标管理工作公开情况
	商标服务	1	商标意识
		2	商标代理机构数/万企业
		3	商标满意度
		4	商标政策
	商标人才	1	商标培训费用
		2	商标工作者本科以上学历占比
		3	商标研究机构数

第三节　商标战略实施效果评价模型构建

第二节重点介绍了商标战略实施效果评价的指标库与指标筛选，明确了6个维度，接下来重点研究指标赋权。商标战略实施效果评价指标具有属性多样化、层次结构复杂化的特点，适宜采用定量与定性相结合的层次分析法（AHP）确定指标权重。包括六个维度相对于目标层的权重、执行层（指标）相对于相应的维度的权重。

采用AHP指标赋权一般步骤包括构造层次结构、中间层相对于目标层赋权、执行层相对于中间层赋权。而整个赋权过程需要建立判别矩阵、检验判别矩阵的一致性和计算权重。本书采用Yaahp软件计算。

一、构造层次结构

根据上述商标战略实施效果评价维度的确定、指标体系的筛选，构造一个指标间相互关联的三级层次结构，如图 3－2 所示。

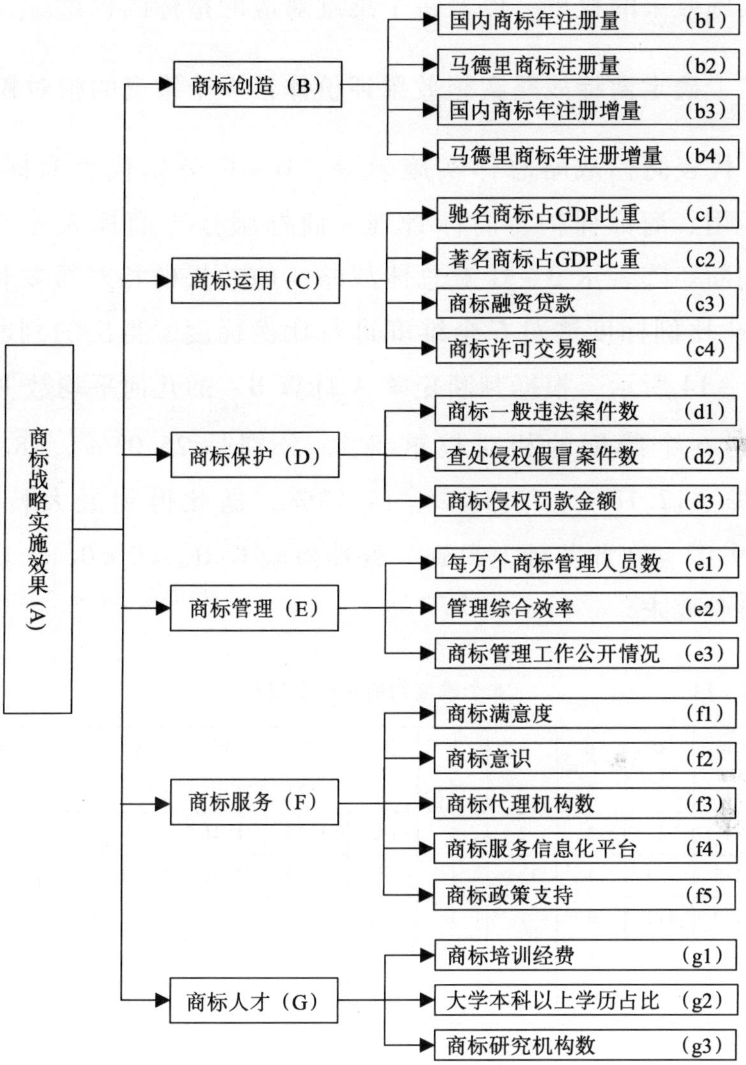

图 3－2 战略实施效果评价指标层次结构

其中，商标战略实施效果为目标层，是潜在的、难以直接测量的；商标创造、商标运用、商标保护、商标管理、商标服务以及商标人才 6 个维度为中间层，这 6 个维度作为衡量商标战略实施效果的准则；最后一层是决策层，包含 22 个具体指标。

接下来确定采用 AHP 方法，并且确定 6 个维度相对于商标战略实施效果的权重，以及每个维度对应的指标的权重。

二、确定商标战略实施效果评价体系 6 个维度的相对权重

A 代表商标战略总体实施效果，B – G 分别代表商标创造、商标运用、商标保护、商标管理、商标服务与商标人才 6 个维度，判断矩阵表示 B – G 对总体战略实施效果的相对重要性。采用 1—9 比例标度法对 6 个维度进行比例标度，得出的判断矩阵如表 3 – 14 所示，根据判断矩阵 A 计算 B – 的几何平均数 W_i，由 W_i 得到 6 个维度的相对权重 W_i^0，分别是 26.03%、18.16%、17.32%、12.18%、12.18%、14.13%，据此得到最大特征值，$\lambda_{max}=9.03$，在此基础上得到一致性检验 C. R. =0 <0.1，满足一致性检验要求。

表 3 – 14　　6 个维度判断矩阵及权重

A	B	C	D	E	F	G	W_i	W_i^0	λ_{mi}	一致性检验
B	1	1	5	3	2	1	2.24	26.03%	9.01	λ_{max} =9.03 C. I. =0.0071 R. I. =0.51 C. R. =0 <0.1
C	1	1	3	2	1	1/2	1.56	18.16%	9.01	
D	1/5	1/3	1	1/3	1	1/3	1.49	17.32%	9.03	
E	1/3	1/2	3	1	1	1/2	1.05	12.18%	9.03	
F	1/2	1	1	1	1	1/2	1.05	12.18%	9.01	
G	1	2	3	2	2	1	1.22	14.13%	9.04	

商标战略实施效果评价的 6 个维度对商标战略实施效果都有一定的贡献，而且每个维度贡献大小呈现差异，其中商标创造对战略实施效果的贡献最大，达到 26%；其次是商标运用的贡献达到 18%、商标保护的贡献为 17%；商标人才的贡献也达到了 15%；商标管理与商标服务的贡献都为 12%。因此，在商标战略实施过程中，各地区既要统筹兼顾这几个方面，实现商标事业均

衡发展，又要抓住关键，突出重点，加强商标创造、商标运用、商标保护以及商标人才建设。

三、确定各维度下层指标相对权重

（一）商标创造指标相对权重

B 代表商标创造维度，b1—b4 分别表示商标创造的四个测量指标，即国内商标年注册量、马德里商标年注册量、国内商标年注册增量、马德里商标年注册增量。判断矩阵表示 b1—b4 对商标创造的相对重要性。采用 1—9 比例标度法对 b1—b4 进行比例标度，得出的判断矩阵如表 3－15 所示。根据判断矩阵 B 计算 b1—b4 的几何平均数 W_i，由 W_i 得到 4 个维度的相对权重 W_i^0，分别是 39.11%、27.22%、16.17%、17.59%，据此得到最大特征值，$\lambda_{max}=4$，在此基础上得到一致性检验 C. R. ＝0.0040＜0.1，满足一致性检验要求。

表 3－15　　商标创造维度判断矩阵及权重

B	b1	b2	b3	b4	W_i	W_i^0	λ_{mi}	一致性检验
b1	1	1/3	1/2	1/4	2.804	39.11%	4.02	$\lambda_{max}=4$ C. I. ＝0.0035 R. I. ＝0.89 C. R. ＝0.0040＜0.1
b2	3	1	2	1/2	1.95	27.22%	4.01	
b3	2	1/2	1	1/3	1.16	16.17%	4.01	
b4	4	2	3	1	1.26	17.59%	4.02	

国内商标年注册量、马德里商标年注册量、国内商标年注册增量、马德里商标年注册增量对商标创造都有一定的贡献，4 个指标的贡献大小呈现差异。在总量指标方面，国内商标年注册量对商标创造的贡献最大，达到 39.11%；其次，马德里商标年注册量的贡献达到 27.22%。两者合计对商标创造的贡献达到 66.33%。在增量（质量）指标方面，国内商标年注册增量的贡献为 16.17%；马德里商标注册增量的贡献为 17.59%；同时，我们也发现，国外商标创造两个指标的重要性低于国内的，但其

重要性逐渐增强，对商标创造的贡献达到了44.81%。因此，在商标战略实施过程中，各地区要统筹兼顾商标创造的两个均衡：总量与增量、国内与国外。另外，总量指标与增量指标两者之间又有内在的联系，总量指标反映所处的水平与层次，增量指标反映了发展潜力，需要在商标创造中既重视总量指标，即国内商标年注册量和马德里商标年注册量，又要关注增量指标，即国内商标年注册增量和马德里商标年注册增量。

（二）商标运用指标相对权重

C代表商标运用维度，c1—c4分别表示商标运用的四个测量指标，即驰名商标产品产值占国内生产总值比重、著名商标产品产值占国内生产总值比重、商标融资贷款额、商标许可交易额。判断矩阵表示c1—c4对商标运用的相对重要性，采用1—9比例标度法对c1—c4进行比例标度，得出的判断矩阵如表3-16所示。根据判断矩阵C计算c1—c4的几何平均数W_i，由W_i得到4个维度的相对权重W_i^0，分别是31.14%、29.22%、21.14%、18.50%，据此得到最大特征值，$\lambda_{max}=4$，在此基础上得到一致性检验C.R.=0.0430<0.1，满足一致性检验要求。

表3-16　　　　商标运用维度判断矩阵及权重

C	c1	c2	c3	c4	W_i	W_i^0	λ_{mi}	一致性检验
c1	1	3	2	2	2.89	31.14%	3.04	$\lambda_{max}=4$ C.I.=0.0073 R.I.=0.33 C.R.=0.0430<0.1
c2	1/3	1	1/3	1/3	2.72	29.22%	4.08	
c3	1/2	3	1	3	1.97	21.14%	4.03	
c4	1/2	1/3	1/3	1	1.72	18.50%	3.18	

驰名商标产品产值占国内生产总值比重、著名商标产品产值占国内生产总值比重、商标融资贷款额、商标许可交易额对商标运用都有一定的贡献，四个指标的贡献大小呈现差异，但差异不

大。其中，驰名商标产品产值占国内生产总值比重这一指标对商标运用的贡献最大，达到31.14%；其次，著名商标产品产值占国内生产总值比重的贡献达到29.22%。两者合计对商标运用的贡献达到60.36%。商标融资与商标许可的贡献也较为重要，商标融资达到了21.14%、商标许可达到了18.50%。随着我国商标品牌市场的发展，商标品牌的运用空间将会进一步拓展，商标融资与商标许可对商标运用的贡献有望进一步增加。因此，在商标运用中，各地区既要鼓励进一步挖掘驰名商标、著名商标的经济价值，又要重视商标的融资环境建设和商标许可的制度完善。

（三）商标保护指标相对权重

D代表商标保护维度，d1—d3分别表示商标保护的三个测量指标，包括商标一般违法案件数、查处侵权假冒案件数、商标侵权罚款金额。判断矩阵表示d1—d3对商标保护的相对重要性。采用1—9比例标度法对d1—d3进行比例标度，得出的判断矩阵如表3－17所示，根据判断矩阵D计算d1—d3的几何平均数W_i，由W_i得到3个指标的相对权重W_i^0，分别是46.15%、34.07%、19.88%，据此得到最大特征值$\lambda_{max}=4.03$，在此基础上得到一致性检验C.R.=0.0077<0.1，满足一致性检验要求。

表3－17　商标保护维度判断矩阵及权重

D	d1	d2	d3	W_i	W_i^0	λ_{mi}	一致性检验
d1	1	2	1/3	3.24	46.15%	4.03	$\lambda_{max}=4.02$ C.I.=0.0069 R.I.=0.89 C.R.=0.0077<0.1
d2	1/2	1	1/4	2.41	34.07%	4.01	
d3	3	4	1	1.25	19.88%	4.03	

商标一般违法案件数、查处侵权假冒案件数、商标侵权罚款金额对商标保护都有一定的贡献，且贡献大小差距较大。其中，

商标一般违法案件数这一指标对商标保护的贡献最大，权重达到46.15%；查处侵权假冒案件数的权重次之，为34.07%；商标侵权罚款金额对商标保护也有一定的贡献，权重为19.88%。因此，在进行商标保护时，各地政府需要多部门联动，通过行政和司法等手段加强对商标品牌侵权和违法事件查处，特别是加强基础性的商标一般违法行为的查处力度。

（四）商标管理指标相对权重

E代表商标管理维度，e1—e3分别表示商标管理的3个指标，包括每万个商标管理人员、管理综合效率、商标管理工作公开情况。判断矩阵表示e1—e3对商标管理的相对重要性。采用1—9比例标度法对e1—e3进行比例标度，得出的判断矩阵如表3－18所示，根据判断矩阵E计算e1—e4的几何平均数 W_i，由 W_i 得到3个维度的相对权重 W_i^0，分别是13.62%、43.19%、43.19%，据此得到最大特征值进一步 $\lambda_{max}=3$，在此基础上得到一致性检验C.R.＝0.0019＜0.1，满足一致性检验要求。

表3－18　商标管理维度判断矩阵及权重

E	e1	e2	e3	W_i	W_i^0	λ_{mi}	一致性检验
e1	1	1/3	1	0.14	13.62%	9.03	$\lambda_{max}=3$ C.I.＝0.0075 R.I.＝0.75 C.R.＝0.0019＜0.1
e2	3	1	3	0.43	43.19%	9.01	
e3	1	1/3	1	0.43	43.19%	9.01	

根据表3－18所示，商标管理制度与文件情况、管理综合效率、商标管理公开情况对商标管理都有一定的贡献。其中，管理综合效率这一指标对商标管理的贡献最大，达到43.19%；其余两个指标对商标保护的贡献相差不大。因此，在进行商标管理时，各地工商行政管理部门需要提高商标管理综合效率，理顺商

标注册申请流程、提高审批效率、缩短商标注册申请时间等。同时要加强商标管理制度建设，加强商标分类分级管理，提高商标服务水平和保护效果。另外，商标管理信息的公开对于商标管理有促进作用，例如驰名商标、著名商标的评审过程、程序、方法和结果的公开、工商行政执法情况的公开、商标战略实施中的相关扶持政策的公开等。

（五）商标服务指标相对权重

F 代表商标服务维度，f1—f5 分别表示商标服务的 5 个测量指标，包括：商标满意度、商标意识、商标代理机构数/万企业、商标服务信息化平台、商标政策支持。判断矩阵表示 f1—f5 对商标服务的相对重要性。采用 1—9 比例标度法对 f1—f5 进行比例标度，得出的判断矩阵如表 3 - 19 所示，根据判断矩阵 F 计算 f1—f5 的几何平均数 W_i，由 W_i 得到五个维度的相对权重 W_i^0，分别是 21.79%、19.91%、18.12%、30.99%、9.19%，据此得到最大特征值进一步 $\lambda_{max} = 5.11$，在此基础上得到一致性检验 C. R. =0.0245 <0.1，满足一致性检验要求。

表 3 - 19　　商标服务维度判断矩阵及权重

F	f1	f2	f3	f4	f5	W_i	W_i^0	λ_{mi}	一致性检验
f1	1	1/3	1/2	1/5	1	1.49	21.79%	5.11	$\lambda_{max}=5.11$ C. I. =0.0275 R. I. =1.12 C. R. =0.0245 <0.1
f2	3	1	1	1/3	2	1.36	19.91%	4.12	
f3	2	1	1	1/2	3	1.24	18.12%	4.55	
f4	5	3	2	1	3	2.12	30.99%	3.16	
f5	1	1/2	1/3	1/3	1	0.63	9.19%	2.17	

根据表 3 - 19 所示，商标满意度、商标意识、商标代理机构数/万企业、商标服务信息化平台、商标政策支持对商标服务的贡献大小呈现差异。其中，商标服务信息化水平这一指标对商标

服务的贡献最大，为30.99%；商标满意度、商标意识、商标代理机构数/万企业等三个指标的权重较为相近，分别为21.79%、19.91%、18.12%。商标政策支持的权重为9.19%，对商标服务的支撑性较小。随着“互联网+”与各行各业的深度融合，政府和市场主体越来越依赖互联网提高信息共享水平和管理效率，信息化建设成为工商行政管理部门服务市场主体的主要途径。商标事业的健康发展离不开优质的商标服务，这就需要工商行政管理部门具备商标服务意识、完善市场机制，提高商标代理机构的服务能力和水平，增加市场主体对商标服务的满意度。商标服务水平的提高离不开相关政策方面的支持。

（六）商标人才指标相对权重

G代表商标人才维度，g1—g3分别是商标人才的3个测量指标，即商标培训费用、商标工作者本科以上学历占比、商标研究机构数。判断矩阵表示g1—g3对商标人才的相对重要性。采用1—9比例标度法对g1—g3进行比例标度，得出的判断矩阵如表3-20所示，根据判断矩阵G计算g1—g3的几何平均数W_i，由W_i得到三个维度的相对权重W_i^0，分别是48.74%、26.44%、24.82%，据此得到最大特征值进一步$\lambda_{max}=3$，在此基础上得到一致性检验C. R. =0.0036<0.1，满足一致性检验要求。

表3-20　　商标人才维度判断矩阵及权重

G	g1	g2	g3	W_i	W_i^0	λ_{mi}	一致性检验
g1	1	1/3	1/2	1.98	48.74%	2.97	$\lambda_{max}=3$ C. I. =0.0123 R. I. =0.33 C. R. =0.0036<0.1
g2	3	1	3	1.07	26.44%	3.00	
g3	2	1/3	1	1.01	24.82%	3.00	

根据表3－20，商标培训费用这一指标对商标人才的贡献最大，权重达到48.74%；商标工作者本科以上学历占比、商标研究机构数的权重较为相近，分别为26.44%和24.82%。商标战略远非申请一个商标，而是一种不断创新创造过程，是智力资本不断积累的过程，需要各类人才。商标培训是商标人才培养重要途径，各级行政部门需要加强协同，加大商标人才培训力度。商标工作者自身人力资本体现了商标人才的存量，商标工作者的学历占比是对现有商标人才的有效测量。另外商标事业的发展离不开科研人员的参与，商标研究机构对商标人才培养也有着重要的意义。

四、商标战略实施效果各级指标权重的确定

本书首先对商标战略实施效果测量中的各级指标权重进行了分析。因为商标战略实施效果不能直接测量，本书采用了三级指标体系来进行测量，这些指标体系可分为隐性指标和显性指标。隐性指标是不能直接测量，需要通过显性指标来间接测量。本书中的隐性指标包括：一级指标的商标战略实施效果，二级指标分为6个维度，分别是商标创造、商标运用、商标保护、商标管理、商标服务和商标人才。显性指标是指可以直接测量的指标，本项目中的所有三级指标都是可以直接通过二手数据或一手数据调查获得。AHP的分析结果如表3－21所示。

表3－21　　江苏省商标战略实施效果各级指标权重

一级指标	二级指标	权重	三级指标	权重
商标战略实施效果	商标创造	0.20	国内商标年注册量	0.39
			马德里商标注册量	0.27
			国内商标年注册增量	0.16
			马德里商标注册增量	0.18

续表

一级指标	二级指标	权重	三级指标	权重
商标战略实施效果	商标运用	0.24	驰名商标产品产值占 GDP 比重	0.31
			著名商标产品产值占 GDP 比重	0.29
			商标质押融资	0.21
			商标许可	0.19
	商标保护	0.17	驰名商标数	0.31
			商标一般违法案件数	0.26
			查处侵权假冒案件数	0.24
			商标侵权罚款金额	0.19
	商标管理	0.12	商标管理制度	0.13
			商标信息化平台	0.43
			商标管理工作公开情况	0.44
	商标服务	0.12	商标意识	0.22
			商标满意度	0.39
			商标代理机构数/万企业	0.20
			商标政策支持	0.19
	商标人才	0.15	商标培训费用	0.49
			商标工作者本科以上学历占比	0.27
			商标研究机构数	0.24

第四章

我国商标战略实施效果评价实证分析

第一节 全国商标战略实施的数据采集与处理

一、商标战略实施的数据采集

本部分主要对全国各省、自治区和直辖市商标战略实施效果进行评价，需要采集各地区的数据。在数据采集环节，面临两难：指标重要性与数据可获得性。

一方面，有些指标对于商标战略实施效果的评价来说较为重要，但存在着数据难以获得的情况；另一方面，有些指标数据易于获得，但重要性相对不高。经过反复讨论，项目组认为部分数据缺省问题可以慢慢解决，并决定按照指标重要性为主、数据可获得性为辅的筛选原则，进行指标选择。为解决数据采集难题，本书将数据分为二手数据和一手数据，其中二手数据采集 2009 年到 2014 年之间的数据，主要来源为《中国统计年鉴》《中国商标战略年度发展报告》（2009—2014 年）、国家工商总局及地方工商局统计数据、国家及地方商标局统计数据等。一手数据通过问卷调查获取，包括对工商行政管理部门、行业协会、商标专家和部分企业的调研。

二、商标战略实施的数据处理

自 2008 年国家知识产权战略实施以来，作为知识产权战略重要组成部分的商标战略得到了全国各地响应，各地区根据 2009 年国家工商行政管理总局印发的《商标战略实施意见》提出的实施商标战略的战略目标要求，制订商标战略规划，并有序实施，我国商标事业获得了空前发展①。商标战略管理是一个循环的过程，包括从战略规划的制订、战略规划的实施、战略实施效果的评价、下一轮战略规划的调整等。商标战略实施效果的评价承上启下，在战略实施过程中处于十分重要的位置。本项目根据商标战略实施效果评价指标体系模型②，对全国各省、自治区和直辖市商标战略实施效果进行评价，根据相应得分进行排序分析。通过本章分析，能够明确江苏省商标发展水平在全国处于什么位置、商标战略实施中具备哪些优势以及如何进一步发挥这些优势、商标战略实施中有哪些劣势或不足、未来的战略实施中如何克服这些不足等。

由于最终可获得的数据具有各自的单位和量纲，这就为这些数据之间的运算和比较带来了难度。为了克服这方面的问题，本书采用 SPSS 软件，对数据进行无量纲处理，即对所有获得的数

① 关于贯彻落实《国家知识产权战略纲要》大力推进商标战略实施的意见［EB/OL］http：//www.saic.gov.cn/zwgk/zyfb/zjwj/sbj/200909/t20090908_ 70339.html，2009-06-02

② 邓雪，李家铭，曾浩健等．层次分析法权重计算方法分析及其应用研究［J］．数学的实践与认识，2012，42（7）：93—100

据进行标准化处理。在此基础上根据专家决策法得到的各级指标的权重，逐级运算得分，最终得到商标战略实施效果评价的6个维度以及最终得分与位次①。

根据指标体系模型，通过对经过标准化后的第三级指标（显性指标）加权计算，得到二级维度：商标创造、商标运用、商标保护、商标管理、商标服务和商标人才的得分。然后根据6个维度得分及各自权重，得到全国各省、直辖市和自治区得分及位次。

第二节 全国商标战略实施效果维度分析

一、全国商标创造得分及位次

商标创造是商标战略的核心之一，也是知识产权战略的重要组成部分，商标战略实施效果首先体现在商标创造的产出方面。随着我国知识产权战略的实施和各级政府的积极引导，各地区在国内商标年注册量（含地理标志）和马德里商标年注册量上都快速增长，但是各地区自然资源、经济发展水平、商标品牌意识等差异导致了商标创造战略实施的产出水平呈现明显差异。本章以我国省、直辖市和自治区为分析单位，根据第三章的商标创造指标体系模型，对数据进行标准化处理，分析我国各地区商标创造产出的差异、江苏省商标创造在全国所处的位次及优劣所在，为江苏省商标事业确立发展方向提供依据，为明确战略重点提供抓手，具体分析结果如表4－1所示。

① 魏捷．关于调查问卷中定性数据处理方法的探讨［J］．统计与决策，2008(20)：24—26

表 4 - 1　　　　　　全国商标创造情况及其排名

序号	地区	国内商标年注册量	马德里商标年注册量	国内商标年注册增量	马德里商标年注册增量	商标创造得分
1	广东	3.99	3.30	-0.35	0.17	2.42
2	浙江	2.06	3.55	-1.57	-0.32	1.45
3	江苏	0.90	0.88	-0.70	0.33	0.53
4	北京	1.14	0.62	-0.87	0.23	0.49
5	福建	0.75	0.76	-0.17	0.21	0.47
6	山东	0.57	0.39	-0.52	0.99	0.42
7	上海	0.82	0.36	-0.17	0.17	0.42
8	陕西	-0.20	-0.41	1.40	0.43	0.31
9	重庆	-0.09	-0.37	1.92	0.42	0.27
10	贵州	-0.51	-0.52	0.14	-0.16	0.21
11	安徽	-0.18	-0.20	0.87	0.12	0.14
12	天津	-0.77	-0.54	-1.22	0.14	0.10
13	四川	0.18	-0.21	0.35	-0.65	-0.04
14	湖南	-0.19	-0.34	0.17	0.33	-0.08
15	湖北	-0.29	-0.19	-0.35	0.66	-0.10
16	河南	-0.47	-0.31	0.70	0.17	-0.12
17	辽宁	0.05	-0.40	0.20	-0.49	-0.13
18	江西	-0.41	-0.44	0.17	0.33	-0.19
19	新疆	-0.57	-0.46	-0.45	0.17	-0.31
20	河北	-0.16	-0.31	-0.52	-0.65	-0.35
21	西藏	-0.80	-0.53	0.57	-0.82	-0.35
22	青海	-0.26	-0.31	-0.17	-0.82	-0.36
23	云南	-0.39	-0.44	0.35	-0.98	-0.39
24	宁夏	-0.76	-0.52	-0.35	0.50	-0.40
25	广西	-0.56	-0.44	0.10	-0.49	-0.43
26	海南	-0.71	-0.50	0.12	-0.16	-0.44
27	内蒙古	-0.61	-0.47	-0.87	-0.16	-0.53
28	山西	-0.60	-0.50	-0.52	-0.65	-0.57
29	吉林	-0.60	-0.47	-1.05	-0.32	-0.59
30	黑龙江	-0.54	-0.40	-1.40	-0.65	-0.66
31	甘肃	-0.73	-0.53	0.17	-2.14	-0.78

由表4-1可以看出全国各省、自治区和直辖市商标创造得分及其排名情况。总体来看，商标创造与经济发展水平不是同步发展的，不仅没有明显的东中西部的差异，而且部分中西部地区商标创造产出水平处于前列，比如陕西省商标创造产出水平处于全国第八名。具体来看，江苏省商标创造得分为0.53，排在第三，处于全国领先位置。广东省商标创造得分最高，为2.42，排名第一，浙江省紧随其后，得分为1.45，排名第二。

就江苏省商标创造与其他地区比较而言，江苏省商标创造产出处于第三位，4个指标在全国都处于领先地位，但是部分指标与处于第一位的广东省、第二位的浙江省有着较大的差距。其中，马德里商标注册年均增量处于领先，说明江苏省在商标创造中注重海外商标的发展，与处于前两位的省份相比，有后来者居上的潜力，但是，在国内商标年注册申请量和马德里商标年注册申请量上落后于前两个省份。因此，江苏省在未来的商标战略实施中要继续将商标创造作为战略重点，加大对商标创造的投入，提高市场主体对国内外商标注册申请的效率。

二、全国商标运用得分及位次

商标战略实施既要重视商标创造，也要重视商标运用。商标创造的目的就是为了运用。如今，企业的商标运用能力越来越成为企业核心能力和竞争优势的基础和组成部分，是应对国际国内竞争的重要手段和工具。商标是作为整合而成的企业的综合品质而不是这些标识符号本身，它是企业经营管理创新、技术创新、资金投向创新、质量控制创新、广告宣传创新、经营策略创新等综合反映与体现。

商标运用能力和层次决定了一个企业、地区、甚至一个国家的经济发展水平和实力。本章以我国各省、直辖市和自治区为分析单位，根据第三章的商标运用指标体系模型，对数据标准化处理，分析我国各地区商标运用的能力和产出的差异、江苏省商标运用在全国所处的位次及优劣所在，为进一步实施江苏省商标运用战略提供决策依据，具体分析结果如表 4 - 2 所示。

表 4 - 2　　全国商标运用情况及其排名

序号	地区	驰名商标产值占 GDP 比重	著名商标产值占 GDP 比重	商标融资	商标许可	商标运用得分
1	上海	0.78	0.92	0.76	0.64	0.77
2	浙江	0.80	0.72	0.78	0.88	0.76
3	江苏	0.75	0.89	0.64	0.68	0.72
4	广东	0.84	0.69	0.63	0.60	0.71
5	北京	0.69	0.71	0.58	0.75	0.69
6	山东	0.57	0.86	0.24	0.45	0.47
7	福建	0.26	0.67	0.30	0.76	0.40
8	湖南	0.19	0.44	0.38	0.87	0.40
9	陕西	0.19	0.32	0.25	0.83	0.34
10	湖北	0.15	0.46	0.37	0.54	0.32
11	河北	0.15	0.58	0.28	0.39	0.28
12	河南	0.38	0.20	0.13	0.28	0.27
13	四川	0.21	0.49	0.24	0.31	0.26
14	天津	0.17	0.38	0.11	0.20	0.18
15	山西	-0.24	0.36	0.35	0.76	0.18
16	安徽	-0.40	0.67	0.59	0.40	0.16
17	辽宁	-0.12	-0.98	-0.04	-0.11	-0.17
18	重庆	-0.10	-0.29	-0.56	-0.15	-0.27
19	云南	-0.32	-0.31	-0.20	-0.44	-0.31
20	内蒙古	-0.18	-0.82	-0.65	-0.06	-0.36
21	贵州	-0.44	-0.67	-0.44	-0.18	-0.41
22	黑龙江	-0.53	-0.17	-0.39	-0.43	-0.43
23	江西	-0.53	-0.8	-0.36	-0.40	-0.47
24	甘肃	-0.73	-0.37	-0.01	-0.68	-0.47
25	吉林	-0.48	-0.66	-0.28	-0.84	-0.5

续表

序号	地区	驰名商标产值占 GDP 比重	著名商标产值占 GDP 比重	商标融资	商标许可	商标运用得分
26	广西	-0.93	-0.86	-0.04	-0.28	-0.53
27	西藏	-0.95	-0.97	-0.18	-0.25	-0.58
28	海南	-0.79	-0.54	-0.29	-0.68	-0.59
29	新疆	-0.63	-0.63	-0.44	-0.90	-0.62
30	青海	-0.66	-0.45	-0.62	-0.74	-0.64
31	宁夏	-0.83	-0.65	-0.44	-0.94	-0.71

由表4-2可以看出全国各省、直辖市和自治区商标运用得分及其排名情况。总体来看，我国商标运用呈现地区差异，东部地区及北京在商标运用上处于领先位置，西部地区处于较为落后的位置。部分西部地区商标运用处于国内领先位置，比如陕西省的商标运用产出水平处于全国第九名。具体来看，江苏省商标运用得分为0.72，排在第三，处于全国领先位置。上海市商标运用得分最高，为0.77，排名第一；浙江省紧随其后，得分为0.76，排名第二。

就江苏省商标运用与其他地区比较而言，江苏省商标运用产出处于全国第三的位置，而且驰名商标产值占国内生产总值比重、著名商标产值占国内生产总值比重、商标融资和商标许可等四个指标均衡发展，反映了江苏省在商标运用方面的综合实力较强。为赶超上海与浙江，江苏省在未来的商标战略实施中要继续提升市场主体的商标运用能力，在保持均衡发展的同时，努力突出优势与亮点，比如进一步完善商标融资市场。

三、全国商标保护得分及位次

商标保护在商标战略实施中起着十分重要的作用，正如专利保护与版权保护的作用是促进与激励发明及创作一样，商标保护的作用是促进与激励企业保持和提高企业的信誉。信誉是企业的生命，是通过商标反映的。商标权是一种私权，但从来没有一项私权能如此影响到一个企业、地区和国家的经济利益，也从来没有一项私权能被提升到国家战略的层面来考虑。商标制度完善的发达国家，不仅在国内制定了完善的商标保护体系，而且积极通过相关国际条约来延伸其国家利益，例如TRIPS协议，在很多发达国家对商标战略提出了强有力的保护政策。

本章将商标保护作为商标战略的核心内容，根据商标保护指标体系模型，对数据进行分析，探讨我国各省、自治区和直辖市商标保护现状，在此基础上分析江苏省商标保护战略实施情况，并明确未来商标保护战略实施方向与重点，具体分析结果如表4－3所示。

表4－3　　全国商标保护情况及其排名

序号	地区	驰名商标数	商标一般违法案件数	查处侵权假冒案件数	商标侵权罚款金额	商标保护得分
1	广东	0.95	1.73	3.31	3.16	2.14
2	浙江	1.11	1.08	2.71	3.36	1.92
3	江苏	2.24	－0.19	1.04	1.67	1.21
4	上海	－0.39	3.36	1.04	0.87	1.17
5	山东	3.23	0.25	－0.11	－0.18	1.00
6	福建	0.51	0.91	0.91	0.65	0.73
7	湖南	1.99	－0.01	0.00	－0.13	0.59
8	北京	－0.45	1.60	0.96	－0.01	0.51
9	安徽	0.13	0.84	0.37	－0.16	0.32
10	四川	－0.18	0.88	0.06	－0.05	0.18
11	湖北	0.22	－0.61	0.71	0.17	0.11
12	陕西	－0.43	0.69	－0.37	－0.45	－0.13
13	河北	0.42	－0.40	－0.48	－0.38	－0.16
14	辽宁	0.53	－0.55	－0.60	－0.47	－0.21
15	云南	－0.48	0.23	－0.35	－0.40	－0.25

续表

序号	地区	驰名商标数	商标一般违法案件数	查处侵权假冒案件数	商标侵权罚款金额	商标保护得分
16	河南	0.03	-0.99	-0.07	-0.08	-0.28
17	甘肃	-0.60	-0.12	-0.52	-0.49	-0.44
18	黑龙江	-0.50	0.01	-0.84	-0.61	-0.47
19	新疆	-0.73	-0.16	-0.53	-0.40	-0.47
20	广西	-0.98	-0.48	0.10	-0.44	-0.49
21	海南	-0.91	-0.06	-0.52	-0.52	-0.52
22	天津	-0.18	-0.98	-0.59	-0.42	-0.53
23	贵州	-0.85	-0.22	-0.54	-0.52	-0.55
24	重庆	-0.41	-0.80	-0.69	-0.29	-0.56
25	山西	-0.56	-0.62	-0.53	-0.52	-0.56
26	吉林	-0.24	-0.88	-0.69	-0.49	-0.56
27	江西	-0.35	-0.76	-0.69	-0.52	-0.57
28	宁夏	-0.64	-0.92	-0.77	-0.60	-0.74
29	内蒙古	-0.73	-0.88	-0.79	-0.58	-0.75
30	青海	-0.77	-1.01	-0.71	-0.57	-0.78
31	西藏	-0.98	-0.95	-0.84	-0.61	-0.87

由表4-3可以看出全国各省、自治区和直辖市商标保护得分及其排名情况。总体来看，商标保护情况与经济发展水平不是同步发展的，没有明显的东中西部的差异，部分中西部地区商标创造产出水平处于前列，比如中部地区的安徽省商标保护得分为0.32，位列全国第九名，西部的四川省商标保护得分为0.18，位列全国第十名。具体来看，江苏省商标保护得分为1.21，位列全国第三名，处于全国领先位置。位列前两位的分别是广东省和浙江省，商标保护得分分别为2.14和1.92。

就江苏省商标保护与其他地区比较而言，江苏省商标保护情况处于第三位置，4个指标中的驰名商标数、查处侵权假冒案件数和商标侵权罚款金额处于全国领先地位，但是商标一般违法案件数指标与排名前五的地区有着较为显著的差距。因此江苏省在未来的商标战略实施中商标保护工作还有很大的提升空间，要将商标保护作为战略重点，加大行政和司法保护力度，特别是要加大对商标一般违法行为的查处力度。

四、全国商标管理得分及位次

商标管理反映了商标战略实施的效果与效率。商标战略实施包括商标战略的制定、商标战略的实施、商标战略的评价等环节，这些环节都需要进行有效的组织管理，任何环节出错或管理不到位，都会影响到商标战略实施的效果。就本章而言，商标战略实施效果评价的6个维度的其他5个维度都离不开商标管理，国家各级工商行政主管部门及其他相关部门都应该依法对商标的注册、使用、保护等行为进行管理，确保商标战略有序实施。同时，商标服务水平的提高、商标人才的培养需要有科学的管理流程和规范。

当今信息时代，“互联网+”促进了产业变革，改变着商标战略的组织模式、信息传递方式和管理效能，也成为商标战略的重要组成部分。本章将商标管理作为商标战略的重要内容，根据商标管理指标体系模型，对数据进行分析，探讨我国各省、自治区和直辖市商标管理现状，并进一步对江苏省商标管理进行比较分析，具体分析结果如表4－4所示。

表4－4　　全国商标管理情况及其排名

序号	地区	商标管理制度	商标信息化平台	商标管理工作公开情况	商标管理得分
1	上海	0.91	0.91	0.84	0.90
2	浙江	0.91	0.71	0.81	0.82
3	广东	0.89	0.70	0.86	0.80
4	北京	0.81	0.83	0.62	0.79
5	江苏	0.81	0.72	0.80	0.78

续表

序号	地区	商标管理制度	商标信息化平台	商标管理工作公开情况	商标管理得分
6	山东	0.83	0.60	0.83	0.73
7	四川	0.74	0.59	0.44	0.63
8	陕西	0.55	0.79	0.13	0.60
9	湖南	0.76	0.48	0.28	0.57
10	湖北	0.48	0.71	-0.18	0.49
11	河南	0.46	0.42	0.74	0.48
12	天津	0.36	0.47	0.57	0.44
13	黑龙江	0.6	0.42	-0.01	0.44
14	河北	0.57	0.18	0.65	0.41
15	安徽	0.29	0.32	0.64	0.35
16	山西	0.39	0.26	0.25	0.32
17	吉林	0.3	0.47	-0.12	0.31
18	重庆	0.17	0.3	0.79	0.31
19	辽宁	0.49	0.11	0.25	0.29
20	内蒙古	0.33	0.34	-0.78	0.18
21	福建	0.12	0.25	-0.11	0.14
22	江西	0.18	-0.13	-0.43	-0.04
23	西藏	0.28	-0.39	-0.57	-0.13
24	宁夏	-0.79	0.14	-0.46	-0.34
25	甘肃	-0.57	-0.27	-0.03	-0.37
26	云南	0.17	-0.81	-0.82	-0.39
27	广西	-0.08	-0.64	-0.76	-0.41
28	贵州	-0.93	-0.06	-0.45	-0.49
29	新疆	-0.85	-0.37	-0.71	-0.62
30	青海	-0.76	-0.46	-0.75	-0.63
31	海南	-0.73	-0.99	0.4	-0.68

由表4-4可以看出全国各省、自治区和直辖市商标管理得分及其排名情况。总体来看，商标管理情况与经济发展水平不是同步发展的，没有明显的东中西部的差异，部分中西部地区商标管理产出水平处于前列，比如西部地区的四川省和陕西省商标管

理得分分别为 0.63 和 0.60，位列全国第七与第八名。具体来看，江苏省商标管理得分为 0.78，位列全国第五，处于全国领先位置。位列前四的分别是上海市、浙江省、广东省和北京市。

就江苏省商标管理与其他地区比较而言，江苏省商标管理情况处于第五位，与前四位的地区差距较小。而且商标管理制度、商标信息化平台、商标管理工作公开情况等三个指标表现出均衡发展，反映了江苏省在商标管理上的能力和水平较高。但是江苏省商标信息化平台与北京市和上海市有较大的差距，与浙江省和广东省基本持平。根据对比分析，江苏省在未来的商标战略实施中商标管理工作还有很大的提升空间，有必要将商标管理作为战略重点，加强信息化平台建设，提高商标管理的效果与效率。

五、全国商标服务得分及位次

在商标战略实施中，政府与企业的角色与功能不一样，政府是政策、规章制度的制定者和监管者，同时也是商标战略实施的引导者和激励者。各地区商标战略的制定和实施离不开企业，作为市场主体的企业是商标战略实施的直接承担者，商标战略实施效果直接取决于企业的支持。各级工商行政管理部门需要在商标战略实施过程中为企业提供优质、便利的服务，才能激发企业积极性与主动性。因此，各级工商行政管理部门及其相关部门提供的商标服务对商标战略实施起着至关重要的作用。

因各地区商标意识、商标代理市场完善程度以及商标政策方面存在差异，企业在商标战略实施过程中对商标服务的满意度也会不同，本项目将商标服务作为商标战略的核心内容，根据商标服务指标体系模型，对数据进行分析，探讨我国各省、自治区和直辖市商标服务现状及水平，在此基础上分析江苏省商标服务战略实施情况，并明确未来商标服务战略实施方向与重点，具体分析结果如表4－5所示。

表4－5　　全国商标服务情况及其排名

序号	地区	商标意识	商标满意度	商标代理机构	商标政策扶持	商标服务得分
1	上海	0.91	0.89	0.94	0.84	0.92
2	北京	0.82	0.89	0.93	0.76	0.88
3	广东	0.79	0.7	0.91	0.93	0.86
4	浙江	0.82	0.9	0.87	0.83	0.86
5	江苏	0.71	0.63	0.85	0.74	0.79
6	山东	0.45	0.45	0.76	0.73	0.67
7	天津	0.28	0.44	0.59	0.62	0.57
8	辽宁	0.32	0.33	0.81	0.44	0.55
9	湖北	0.5	0.42	0.49	0.53	0.49
10	重庆	0.27	0.51	0.4	0.85	0.46
11	福建	0.7	0.2	0.39	0.77	0.42
12	河北	0.16	0.26	0.58	0.24	0.39
13	安徽	0.58	0.2	0.35	0.21	0.36
14	河南	0.37	0.11	0.41	0.48	0.32
15	湖南	0.45	0.28	0.32	0.25	0.31
16	四川	0.38	0.4	0.33	0.22	0.29
17	黑龙江	0.05	0.26	0.28	0.43	0.24
18	吉林	0.14	0.14	0.31	0.81	0.23
19	山西	0.48	0.06	0.36	0.08	0.2
20	陕西	−0.14	−0.31	0.53	−0.33	0.18
21	江西	0.29	0.14	0.11	0.37	0.17
22	广西	−0.25	−0.24	−0.18	−0.13	−0.23
23	云南	−0.39	−0.01	−0.33	−0.73	−0.42
24	海南	−0.38	−0.82	−0.43	−0.44	−0.46
25	西藏	−0.73	−0.56	−0.41	−0.88	−0.46
26	贵州	−0.69	−0.21	−0.37	−0.27	−0.47
27	青海	−0.32	−0.06	−0.42	−0.86	−0.49
28	新疆	−0.35	−0.81	−0.46	−0.03	−0.53
29	宁夏	−0.77	−0.41	−0.7	−0.1	−0.53
30	甘肃	−0.15	−0.96	−0.63	−0.93	−0.57
31	内蒙古	−0.04	−0.58	−0.85	−0.82	−0.61

由表4－5可以看出全国各省、直辖市和自治区商标服务得分及其排名情况。总体来看，我国商标服务呈现地区差异，东部地区及北京市在商标服务上处于领先位置，西部地区处于较为落后的位置。具体来看，江苏省商标服务得分为0.79，排名第五，处于全国领先位置。上海市商标服务得分最高，为0.92，排名第一。北京市紧随其后，得分为0.88，排名第二。另外，广东省和浙江省也排在江苏省前面，得分相同，为0.86。

就江苏省商标服务与其他地区比较而言，江苏省商标服务水平处于第五位，与前四位地区存在着一定的差距。虽然商标意识、商标满意度、商标代理机构和商标政策扶持四个指标得分在全国处于领先地位，但都落后于前四位的地区，特别是商标意识和商标满意度得分较低。这既反映了江苏省商标服务能力和水平较高，又说明还有很大的提升和改进空间。根据对比分析，江苏省在未来的商标战略实施中商标服务工作还有很大的提升空间，有必要将商标服务作为战略重点，增强商标服务意识，提高商标主体的满意度。

六、全国商标人才得分及位次

商标品牌工作绝不是简单的劳动，凝结了参与者的智力、精力和创造力，需要持久的投入与维护，因此商标工作是一项专业化的创新创造活动，人才是关键。在商标战略实施中，商标创造、商标运用、商标保护、商标管理以及商标服务都离不开人才。商标人才队伍层次与水平对商标战略实施效果有着直接的影响和作用。我国各级政府历来重视商标人才建设，商标培训费用投入逐年增加，产学研结合的人才培养模式不断创新。2008年以来，我国商标人才队伍建设取得了长足进步，但是与商标事业发展要求还有较大的差距，商标人才队伍建设需要打持久战。因此，商标人才队伍建设是我国商标战略实施成败的关键。

本书将商标人才作为商标战略的核心内容，根据商标人才指标体系模型，对数据进行分析，探讨我国各省、自治区和直辖市商标人才现状及水平，在此基础上分析江苏省商标人才战略实施情况，并明确未来商标人才战略实施方向与重点，具体分析结果如表4－6所示。

表4－6　全国商标人才情况及其排名

序号	地区	商标培训费用	商标工作者本科以上学历占比	商标研究机构数	商标人才得分
1	北京	0.75	0.98	0.95	0.93
2	江苏	0.94	0.86	0.86	0.87
3	上海	0.91	0.91	0.84	0.85
4	广东	0.81	0.71	0.88	0.77
5	浙江	0.16	0.82	0.87	0.72
6	湖南	0.74	0.69	0.77	0.72
7	山东	0.63	0.62	0.71	0.64
8	福建	0.45	0.62	0.78	0.63
9	四川	0.47	0.65	0.62	0.61
10	天津	0.63	0.48	0.65	0.55
11	河北	0.54	0.4	0.6	0.47
12	安徽	0.75	0.38	0.46	0.46
13	辽宁	0.55	0.41	0.42	0.44
14	湖北	0.43	0.36	0.33	0.37
15	陕西	0.47	0.28	0.54	0.37
16	黑龙江	0.12	0.43	0.38	0.36
17	山西	0.61	0.2	0.54	0.35
18	河南	0.49	0.17	0.39	0.28
19	吉林	0.13	0.21	0.38	0.24
20	重庆	0.25	0.17	0.37	0.23
21	江西	0.33	－0.01	0.43	0.15
22	广西	－0.7	－0.03	－0.12	－0.16

续表

序号	地区	商标培训费用	商标工作者本科以上学历占比	商标研究机构数	商标人才得分
23	海南	-0.74	-0.02	-0.39	-0.23
24	云南	-0.58	-0.03	-0.85	-0.32
25	宁夏	-0.24	-0.59	-0.21	-0.44
26	内蒙古	-0.38	-0.35	-0.7	-0.44
27	西藏	-0.08	-0.44	-0.95	-0.5
28	新疆	-0.59	-0.54	-0.41	-0.52
29	青海	-0.59	-0.84	-0.2	-0.64
30	贵州	-0.43	-0.83	-0.74	-0.74
31	甘肃	-0.41	-1	-0.96	-0.89

由表4-6可以看出全国各省、自治区和直辖市商标人才得分及其排名情况。总体来看，我国商标人才呈现地区差异，东部地区及北京市在商标人才上处于领先位置，西部地区处于较为落后的位置。具体来看，江苏省商标人才得分为0.87，排名第二，处于全国领先位置。北京市商标人才得分最高，为0.93，排名第一。上海市商标人才得分为0.85，排名第三。北京市、江苏省和上海市在商标人才队伍建设方面处于同一方阵。

就江苏省商标人才与其他地区比较而言，江苏省商标人才得分处于第二位置，是商标战略实施效果评价的六个维度中全国排名最前的维度，三个指标都名列前茅，其中商标人才培训费用投入最大。江苏省是经济与人才大省，经济优势和人才优势在商标战略实施中得以体现，也反映了江苏省对商标人才队伍建设的重视。根据对比分析，在未来的商标战略实施中，江苏省商标人才队伍建设在立足我国的同时，加强与发达国家交流与合作，为江苏省商标事业提供专业化的商标人才。

第三节 全国商标战略实施综合效果分析

商标战略实施效果的评价是一项复杂的工作，涉及多维度、多指标、多权重。本项目对商标战略实施效果评价从6个维度展开，分别测算了我国各省、自治区和直辖市在商标创造、商标运用、商标保护、商标管理、商标服务和商标人才得分及排名情况（如表4-7所示）。

表4-7 江苏省商标战略实施效果评价6个维度得分及排名情况

维度	得分	全国排名	维度	得分	全国排名
商标创造	0.53	3	商标管理	0.78	5
商标运用	0.72	3	商标服务	0.79	5
商标保护	1.21	3	商标人才	0.87	2

在此基础上，根据商标战略实施效果评价的6个维度权重，计算全国各省、自治区和直辖市商标战略实施效果得分及其排名情况。然后，聚焦于对江苏省商标战略实施效果的比较分析，明确江苏省在商标战略实施过程中6个维度上的优势与劣势，为江苏省全面实施商标战略提供决策信息与依据（具体如表4-8所示）。

表4-8 全国商标战略实施效果评价得分情况及其排名

序号	地区	商标创造	商标运用	商标保护	商标管理	商标服务	商标人才	商标战略实施综合得分
1	广东	2.42	0.71	2.14	0.8	0.86	0.77	1.33
2	浙江	1.45	0.74	1.92	0.82	0.86	0.72	1.10
3	上海	0.42	0.79	1.17	0.9	0.92	0.85	0.82
4	江苏	0.53	0.72	1.21	0.78	0.78	0.87	0.80
5	北京	0.49	0.69	0.51	0.79	0.88	0.93	0.69
6	山东	0.42	0.47	1	0.73	0.67	0.64	0.63

续表

序号	地区	商标创造	商标运用	商标保护	商标管理	商标服务	商标人才	商标战略实施综合得分
7	福建	0.47	0.4	0.73	0.14	0.42	0.63	0.48
8	湖南	-0.08	0.4	0.59	0.57	0.31	0.72	0.39
9	四川	-0.04	0.26	0.18	0.63	0.29	0.61	0.29
10	安徽	0.14	0.16	0.32	0.35	0.36	0.46	0.28
11	陕西	0.31	0.34	-0.13	0.6	0.18	0.37	0.27
12	湖北	-0.1	0.32	0.11	0.49	0.49	0.37	0.25
13	天津	0.1	0.18	-0.53	0.44	0.57	0.55	0.18
14	河北	-0.35	0.28	-0.16	0.41	0.39	0.47	0.14
15	河南	-0.12	0.27	-0.28	0.48	0.32	0.28	0.13
16	辽宁	-0.13	-0.17	-0.21	0.29	0.55	0.44	0.06
17	重庆	0.27	-0.27	-0.56	0.31	0.46	0.23	0.02
18	山西	-0.57	0.18	-0.56	0.32	0.2	0.35	-0.05
19	黑龙江	-0.66	-0.43	-0.47	0.44	0.24	0.36	-0.18
20	江西	-0.19	-0.47	-0.57	-0.04	0.17	0.15	-0.21
21	吉林	-0.59	-0.5	-0.56	0.31	0.23	0.24	-0.23
22	云南	-0.39	-0.31	-0.25	-0.39	-0.42	-0.32	-0.34
23	贵州	0.21	-0.41	-0.55	-0.49	-0.47	-0.74	-0.38
24	广西	-0.43	-0.53	-0.49	-0.41	-0.23	-0.16	-0.40
25	内蒙古	-0.53	-0.36	-0.75	0.18	-0.61	-0.44	-0.44
26	海南	-0.44	-0.59	-0.52	-0.68	-0.46	-0.23	-0.49
27	西藏	-0.35	-0.58	-0.87	-0.13	-0.46	-0.5	-0.50
28	新疆	-0.31	-0.62	-0.47	-0.62	-0.53	-0.52	-0.51
29	宁夏	-0.4	-0.71	-0.74	-0.34	-0.53	-0.44	-0.55
30	青海	-0.36	-0.64	-0.78	-0.63	-0.49	-0.64	-0.59
31	甘肃	-0.78	-0.47	-0.44	-0.37	-0.57	-0.89	-0.59

由表4-8可以看出，全国各省、直辖市和自治区商标战略实施效果评价得分及其排名情况。总体来看，我国商标战略实施效果得分与地区经济发展呈现一致性，东部地区及北京市在商标战略实施效果得分上处于领先位置，西部地区处于较为落后的位

置。具体来看，江苏省商标战略实施效果评价总分为0.80，全国排名第四，处于全国领先位置。广东省商标战略实施效果评价得分最高，为1.33，排名第一。浙江省次之，得分为1.10，排名第二。上海市得分为0.82，全国排名第三。北京市紧随江苏省之后，得分为0.69，排名第五。

就江苏省商标战略实施效果与其他地区比较而言，江苏省商标战略实施效果处于第四位，6个维度在全国都处于第一方阵，优势较为明显，特别是商标人才处于全国第二的位置。但是商标管理和商标服务两个维度得分较低，与处于前四的广东省、浙江省、上海市和北京市还有一定的差距。因此，在商标战略实施中，江苏省在大力发展商标创造、商标运用和商标人才的同时，加大商标管理与商标服务建设，特别是要加大商标信息化建设，努力提升商标意识和商标服务水平。

第五章

江苏省商标战略实施效果评价实证分析

第一节　江苏省商标战略实施的数据采集与处理

一、商标战略实施的数据采集

本章主要对江苏省内 13 个地级市的商标战略实施效果进行评价，采集 13 个地级市有关商标战略实施的数据。为保证效果评价的一致性与可比较性，本章采用与全国数据采集相似的方法。与全国数据采集相比，江苏省的二手数据统计资料不完整，数据收集难度大。项目组首先明确数据采集时间段为 2009 年到 2014 年，其中二手数据主要来源为《江苏省统计年鉴》《中国商标战略年度发展报告》、江苏省工商总局及地方工商局统计数据、江苏省及地方商标局统计数据。另外，因为统计数据不完整，项目组分工协作，从有关江苏省涉及商标品牌的政府报告、年度工作总结、领导会议讲话等途径获取所需数据。一手数据采用与全国数据收集相同的方式调查问卷，由项目组成员分头调研，包括对工商行政管理部门、行业协会和部分企业的调研。另外为确保数据的获得性，还组织了商标局官员、企业商标管理者以及部分学者为主的现场问卷调查会议。

二、商标战略实施的数据处理

江苏省内商标战略实施效果的评价同样涉及无量纲化处理，需要将原始的客观数据（二手数据）和主观数据（一手数据）转化为无量纲数据，才能进行进一步的加权计算。无量纲处理的方法与全国数据相似，采用 SPSS 软件，对所有数据进行标准化处理，得到标准化的数据矩阵。在此基础上根据层次分析法得到的各级指标的权重，逐级运算得分，最终得到各地区商标战略实施效果评价 6 维度以及最终得分与位次。

第二节 江苏省商标战略实施效果维度分析

与全国商标战略实施效果评价测算方式相似，本章主要按照商标战略实施效果评价指标体系中的 6 个维度，分别测算江苏省 13 个地级市在各个维度上的得分并进行排名，在此基础上进一步分析 13 个地级市在 6 个维度指标上的优劣势，为江苏省商标事业发展提供决策依据和战略重点与抓手。接下来主要分析江苏省 13 个地级市在商标创造、商标运用、商标保护、商标管理、商标服务和商标人才等战略评价得分情况①。

① 沈婷婷．社会学研究者对二手数据利用行为分析［J］．情报理论与实践，2016，39（5）

一、江苏省商标创造得分及位次

与全国商标创造测算方式一样，我们采取同样的商标创造指标体系模型对江苏省 13 个地级市的商标创造进行测算。采取的方式是首先将数据标准化处理，根据相应指标权重模型，计算江苏省各地级市商标创造得分及排名情况，如表 5－1 所示。

表 5－1　　江苏省各地级市商标创造得分及排名

序号	地区	国内商标年注册量	马德里商标年注册量	国内商标年注册增量	马德里商标年注册增量	商标创造得分
1	苏州市	2.56	2.33	0.22	1.44	1.58
2	南京市	1.33	1.17	0.09	1.43	0.77
3	南通市	-0.01	0.29	-0.52	0.82	0.41
4	无锡市	0.69	1.10	-0.88	0.49	0.34
5	常州市	0.22	0.40	0.09	-0.37	0.14
6	淮安市	-0.60	-0.81	1.68	0.52	0.09
7	徐州市	-0.71	-0.75	2.04	-0.31	-0.21
8	盐城市	-0.16	-0.41	-0.76	-0.44	-0.37
9	扬州市	-0.50	-0.61	0.09	-0.38	-0.41
10	连云港	-0.57	-0.86	-0.03	-0.38	-0.53
11	镇江市	-0.79	-0.93	0.22	-0.21	-0.56
12	宿迁市	-0.66	-0.52	-0.52	-0.46	-0.56
13	泰州市	-0.80	-0.40	-1.73	-0.44	-0.78

根据表 5－1，江苏省商标创造总体上呈现明显的区位（苏南、苏中和苏北）差异，苏南地区处于前列、苏中地区次之、苏北地区处于末位。但是也有例外，苏中的南通市在商标创造上处于第三位，而苏北的淮安与徐州在商标创造得分上处于中等位次，而镇江市在商标创造得分靠后，位于第十一位。苏州市在商标创造上具有明显优势，得分为 1.58，排名第一，南京市得分为 0.77，位于第二位，但与苏州有着显著的差距。南通市商标创造

处于第三，得分为0.41。宿迁市和泰州市在商标创造得分上较低，商标创造相对落后。另外，处于第一方阵的苏州市、南京市、南通市和无锡市与其他地区相比较有着明显的优势。具体而言，从4个指标情况看，江苏省各地级市商标创造实施效果分布不均衡，苏州市在4个指标上都处于领先地位，与第二位的南京相比有着明显的优势，特别是在马德里商标年注册量和国内商标年注册量上。而镇江市、宿迁市和泰州市的4个指标都处于落后位置，还有很大的提升空间。

综述分析，商标创造实施效果呈现出地区不均衡，不仅制约了落后地区的商标事业发展，而且对江苏省商标战略实施也会有一定的阻碍作用，进而影响江苏省在全国的地位。因此，江苏省在未来的商标战略实施过程中，要加大对苏北地区商标创造的引导力度和支持力度，形成苏南、苏中、苏北区域协同发展态势，提升江苏省商标事业的整体实力。

二、江苏省商标运用得分及位次

利用商标运用指标体系模型对江苏省13个地级市的商标运用进行测算，得分情况如表5-2所示。

表5-2　　江苏省各地级市商标运用得分及排名

序号	地区	驰名商标产品产值占GDP比重	著名商标产品产值占GDP比重	商标融资	商标许可	商标运用得分
1	南京市	0.85	0.81	0.78	0.93	0.84
2	苏州市	0.82	0.72	0.83	0.85	0.82
3	无锡市	0.80	0.89	0.80	0.82	0.81
4	南通市	0.72	0.76	0.67	0.63	0.69
5	扬州市	0.70	0.57	0.67	0.50	0.64
6	常州市	0.68	0.48	0.48	0.60	0.59
7	镇江市	0.64	0.70	0.48	0.48	0.56

续表

序号	地区	驰名商标产品产值占 GDP 比重	著名商标产品产值占 GDP 比重	商标融资	商标许可	商标运用得分
8	徐州市	0.55	0.71	0.48	0.41	0.52
9	盐城市	-0.17	-0.44	0.27	0.45	-0.02
10	连云港	-0.95	-0.35	-0.34	-0.08	-0.54
11	淮安市	-0.72	-0.24	-0.88	0.02	-0.59
12	泰州市	-0.62	-0.54	-0.62	-0.84	-0.66
13	宿迁市	-0.89	-0.16	-0.77	-0.26	-0.67

根据表 5-2，江苏省商标运用总体上呈现明显的区位差异，苏南地区处于前列、苏中地区次之、苏北地区处于末位。但是也有例外，苏中的南通市排名靠前，处于第四位。南京市在商标运用上具有明显优势，得分为 0.84，排名第一，苏州市紧随其后，得分为 0.82，位于第二位，无锡市商标运用得分为 0.81，位列第三，并且前三位处于第一方阵，与其后地级市相比，有着明显的优势。泰州市和宿迁市在商标运用得分上较低，分别为 -0.66 和 -0.67，商标运用实施效果垫底。

具体而言，南京市在 4 个指标上处于 13 个地级市的领先地位，其中，“驰名商标产品产值占 GDP 比重”“著名商标产品产值占 GDP 比重”和“商标许可”等三个指标领先于排名第二的苏州，但是“商标融资”指标落后于苏州和无锡。而淮安市、泰州市和宿迁市的 4 个指标都处于劣势，还有很大的提升空间。

综述分析，商标运用实施效果也呈现地区不均衡，虽没有商标创造严重，但这种不均衡的发展现状同样制约着江苏省商标事业的整体发展，削弱了江苏省在全国的优势地位。因此，江苏省在未来的商标战略实施过程中，要重视对苏北地区商标运用的开发，提升商标的品牌价值，特别是在驰名商标、著名商标的培育方面加强扶持力度。

三、江苏省商标保护得分及位次

根据商标保护指标体系模型，对江苏省13个地级市的商标保护进行测算，得分及排名情况如表5-3所示。

表5-3　　江苏省各地级市商标保护得分及排名

序号	地区	驰名商标数	商标一般违法案件数	查处侵权假冒案件数	商标侵权罚款金额	商标保护得分
1	苏州市	1.90	1.73	1.00	1.56	1.57
2	南京市	1.61	1.52	0.87	1.53	1.39
3	无锡市	0.83	1.42	0.40	0.85	0.89
4	南通市	0.86	0.36	0.70	1.22	0.76
5	常州市	0.26	0.51	0.44	-0.72	0.18
6	淮安市	-0.74	-1.08	0.83	0.66	-0.19
7	连云港	-0.98	-0.45	0.14	-0.27	-0.44
8	盐城市	-0.62	-0.82	0.44	-0.74	-0.44
9	徐州市	-0.71	-0.36	-0.08	-0.74	-0.47
10	扬州市	-0.21	-0.56	-0.64	-0.91	-0.54
11	镇江市	-0.88	-1.01	-0.12	-0.55	-0.67
12	泰州市	-0.33	-0.70	-2.19	-0.97	-1.00
13	宿迁市	-0.99	-0.55	-1.80	-0.91	-1.05

根据表5-3，江苏省商标保护实施效果苏南总体区位优势明显，苏州、南京和无锡分列前三名，商标保护标准化得分分别为1.57、1.39和0.89，苏中的南通得分为0.76，排名第四，处于第一方阵。苏中、苏北在商标保护方面没有明显的区位差异，其中苏北的淮安、连云港和盐城处于中间位置，而苏中的扬州和镇江相对靠后。苏北的泰州和宿迁商标保护得分垫底。具体而言，从4个指标情况看，根据四个指标的标准差，江苏省各地级市商标保护实施效果分布不均衡，但不均衡程度相对于商标创造和商标运用较低，其中，苏州市和南京市在4个指标上都处于领先地

位，与第三位的无锡相比，有着明显的优势，特别是在驰名商标指标上。而镇江市、宿迁市和泰州市的4个指标都处于劣势，还有很大的提升空间。

综述分析，商标保护指标发展的地区不均衡带来了商标保护战略实施效果的区域不均衡。通过进一步的标准差分析，商标保护实施效果的区域不均衡程度较低，与其他5个维度相比也处于较低水平。因此，江苏省在未来的商标战略实施过程中，要加大对苏中、苏北商标的保护力度。

四、江苏省商标管理得分及位次

根据商标管理指标体系模型，对江苏省13个地级市的商标管理进行测算，得分及排名情况如表5-4所示。

表5-4　江苏省各地级市商标管理得分及排名

序号	地区	商标管理制度	商标信息化平台	商标管理工作公开情况	商标管理得分
1	南京市	0.95	0.82	0.97	0.90
2	苏州市	0.91	0.90	0.90	0.90
3	无锡市	0.83	0.84	0.92	0.85
4	常州市	0.79	0.74	0.84	0.77
5	南通市	0.67	0.65	0.79	0.68
6	扬州市	0.58	0.76	0.76	0.68
7	镇江市	0.50	0.51	0.6	0.52
8	徐州市	0.40	0.42	0.75	0.46
9	泰州市	-0.59	-0.34	-0.06	-0.41
10	连云港	-0.20	-0.97	-0.06	-0.51
11	盐城市	-0.75	-0.34	-0.65	-0.56
12	淮安市	-0.81	-0.38	-0.37	-0.56
13	宿迁市	-0.95	-0.94	-0.26	-0.85

根据表5-4，江苏省商标管理战略实施效果呈现明显的区位

（苏南、苏中和苏北）差异，苏南地区处于前列、苏中地区次之、苏北地区处于末位。但是也有例外，苏中的南通市在商标管理上处于第五位，而苏南的镇江市商标创造得分居中，位列第七。南京市和苏州市在商标管理实施效果上具有明显优势，得分同为0.90，排名并列第一，无锡、常州和南通市的商标管理效果分列第三到第五位。苏北地区商标管理实施效果普遍差，特别是在商标管理制度建设和商标信息化平台建设方面与苏南、苏中存在着较大的差距。具体而言，从3个指标情况看，江苏省各地级市商标管理实施效果分布不均衡，南京市、苏州市和无锡市的3个指标都处于第一方阵，特别是在商标管理制度建设和商标信息化平台建设方面优势明显。

综述分析，商标管理的3个指标发展水平显现明显的地区不均衡性。这种指标上的不均衡导致了商标管理实施效果呈现出区域的不均衡性较大（标准差值较大）。而且，较差的苏北地区商标管理实施效果降低了江苏省整体商标管理得分，进而影响到江苏省商标管理在全国的排名（第五名）。因此，江苏省在未来的商标战略实施过程中，加大对苏北地区商标管理力度，重点是加强商标管理的制度建设和商标信息化平台建设，在互联互通中实现区域协同发展，提升江苏省商标管理水平。

五、江苏省商标服务得分及位次

根据商标服务指标体系模型，对江苏省13个地级市的商标服务进行测算，得分及排名情况如表5－5所示。

表5－5　江苏省各地级市商标服务得分及排名

序号	地区	商标意识	商标满意度	商标代理机构	商标政策扶持	商标服务得分
1	苏州市	0.92	0.96	0.91	0.93	0.92
2	南京市	0.96	0.84	0.92	0.88	0.89

续表

序号	地区	商标意识	商标满意度	商标代理机构	商标政策扶持	商标服务得分
3	无锡市	0.89	0.93	0.87	0.81	0.86
4	南通市	0.86	0.69	0.84	0.78	0.78
5	常州市	0.82	0.72	0.37	0.73	0.62
6	徐州市	0.47	0.64	0.57	0.65	0.61
7	扬州市	0.70	0.48	0.48	0.63	0.60
8	镇江市	0.45	0.53	0.44	0.62	0.55
9	连云港	0.89	-0.12	-0.91	-0.73	-0.47
10	盐城市	0.57	-0.62	-0.97	-0.83	-0.60
11	泰州市	-0.54	-0.62	-0.58	-0.25	-0.33
12	宿迁市	0.20	-0.98	-0.88	-0.54	-0.66
13	淮安市	-0.81	-0.38	-0.91	-0.72	-0.72

根据表5-5，江苏省商标服务总体上呈现明显的区位（苏南、苏中和苏北）差异，苏南地区处于前列、苏中地区次之、苏北地区处于末位。其中，苏南的苏州市、南京市和无锡市位列13个地级市的前三位，组成了第一方阵，商标服务实施效果得分分别为0.92、0.89和0.86。苏中地区的南通市在商标服务方面处于前列，在13个地级市中位列第四，得分为0.78。苏北地区在商标服务的实施效果较差，其中淮安市垫底。具体而言，从商标服务的四个指标情况看，南京市商标意识和商标代理机构处于领先位置，而苏州市的商标满意度和商标政策支持处于领先位置。淮安市的商标意识、商标代理机构以及商标政策扶持相对较弱。

综述分析，商标服务的四个指标发展水平显现明显的地区不均衡性。这种指标上的不均衡导致了商标服务实施效果呈现出区域的不均衡性较大（标准差值较大）。而且，较差的苏北地区商标服务水平，特别是商标满意度，降低了江苏省商标服务在全国的排名（第五名）。因此，江苏省在未来的商标战略实施过程中，加大对苏中和苏北地区商标服务力度，重点是加强商标环境建设，提高商标意识、加强商标服务的软硬件建设，提高商标满意度。

六、江苏省商标人才得分及位次

根据商标人才指标体系模型，对江苏省 13 个地级市的商标人才战略实施效果进行测算，得分及排名情况如表 5－6 所示。

表 5－6　　江苏省各地级市商标人才得分及排名

序号	地区	商标培训费用	商标工作者本科以上学历占比	商标研究机构数	商标人才得分
1	南京市	0.91	0.96	0.86	0.93
2	苏州市	0.90	0.91	0.81	0.89
3	无锡市	0.82	0.88	0.62	0.81
4	南通市	0.72	0.87	0.64	0.79
5	常州市	0.73	0.86	0.51	0.75
6	镇江市	0.81	0.56	0.47	0.58
7	徐州市	0.02	0.61	0.65	0.52
8	扬州市	0.82	0.49	0.28	0.50
9	盐城市	－0.38	0.14	0.19	0.07
10	泰州市	－0.11	0.28	－0.4	0.05
11	宿迁市	－0.73	－0.20	－0.53	－0.37
12	淮安市	－0.75	－0.56	－0.02	－0.46
13	连云港	－0.80	－0.33	－0.88	－0.54

根据表 5－6，江苏省商标人才战略实施效果总体上呈现明显的区位（苏南、苏中和苏北）差异，苏南地区商标人才处于前列、苏中地区次之、苏北地区处于末位。其中，苏南的南京市、苏州市和无锡市位列 13 个地级市的前三位，组成了第一方阵，商标人才实施效果得分分别为 0.93、0.89 和 0.81。苏中地区的南通市在商标人才方面处于前列，在 13 个地级市中位列第四，得分为 0.79，与第一方阵的无锡市差距很小。苏北地区在商标人

才上较弱，处于后四位，其中连云港垫底。具体而言，从商标人才的3个指标情况看，南京市在“商标培训费用”“商标工作者本科以上学历占比”和“商标研究机构”都处于领先位置，充分体现了南京市商标人才优势。苏州市商标人才在3个指标上都紧随南京之后，领先于其他地区。而苏北地区在商标人才方面的劣势较为明显，特别是在商标培训和商标研究方面与苏南地区更是存在较大的差距。

综述分析，商标人才的3个指标发展水平存在地区不均衡性，但通过进一步的标准差分析，商标人才的区域不均衡程度较低，与其他5个维度相比，江苏省商标人才较为均衡，充分体现了江苏省商标人才优势（在全国排名第二）。因此，江苏省在未来的商标战略实施过程中，在维持苏南地区商标人才优势的同时，加大对苏中和苏北地区商标人才建设力度，重点是加强商标人才培训投入和加强商标研究实力。

第三节　江苏省商标战略实施效果评价总得分及位次

根据对江苏省13个地级市商标战略实施效果的6个维度评价分析，苏南地区的苏州市、南京市、无锡市，以及苏中地区的南通市在商标战略实施效果的6个维度处于优势地位，而苏北地区整体上较弱。在此基础上，根据商标战略实施效果评价的6维度权重，计算江苏省13个地级市商标战略实施效果总得分及其排名情况，如表5－7所示。

根据表5－7，江苏省13个地级市商标战略实施效果与地区经济发展呈现一致性，苏南地区经济发达，在商标战略实施效果

表 5-7　　江苏省各地级市商标战略实施效果评价总得分及排名

序号	地区	商标创造	商标运用	商标保护	商标管理	商标服务	商标人才	商标战略实施效果得分
1	苏州市	1.58	0.82	1.57	0.90	0.92	0.89	1.13
2	南京市	0.77	0.84	1.39	0.90	0.89	0.93	0.95
3	无锡市	0.34	0.81	0.89	0.85	0.86	0.81	0.74
4	南通市	0.41	0.69	0.76	0.68	0.78	0.79	0.67
5	常州市	0.14	0.59	0.18	0.77	0.62	0.75	0.48
6	徐州市	-0.21	0.52	-0.47	0.46	0.61	0.52	0.21
7	扬州市	-0.41	0.64	-0.54	0.68	0.6	0.5	0.21
8	镇江市	-0.56	0.56	-0.67	0.52	0.55	0.58	0.12
9	盐城市	-0.37	-0.02	-0.44	-0.56	-0.6	0.07	-0.28
10	淮安市	0.09	-0.59	-0.19	-0.56	-0.72	-0.46	-0.38
11	连云港	-0.53	-0.54	-0.44	-0.51	-0.47	-0.54	-0.51
12	泰州市	-0.78	-0.66	-1	-0.41	-0.33	0.05	-0.57
13	宿迁市	-0.56	-0.67	-1.05	-0.85	-0.66	-0.37	-0.69

得分上处于领先位置，而苏北地区经济较弱，商标战略实施效果也处于较为落后的位置。具体而言，苏州市商标战略实施效果标准化得分为 1.13，处于 13 个地级市的首位；南京市紧随其后，得分为 0.95；苏州市在商标创造、商标保护，以及商标服务方面优于南京市，而在商标运用和商标人才方面略逊于南京市。无锡市和南通市分列第三、第四位，得分分别为 0.74 和 0.67。前四个地级市处于第一方阵，商标战略实施效果优势明显。另外，苏中地区的南通市商标战略实施效果位列前茅，领先于苏南地区的常州市和镇江市。而苏北地区商标战略实施效果普遍较弱，其中五个地级市位列倒数五位。

在商标战略实施中，江苏省需要加大对苏北、苏中地区的投入与扶持力度，降低地区差距，特别是在商标创造、商标服务和商标人才的发展上。

第六章

江苏省商标战略实施的对策建议

第一节　提升商标战略综合意识

商标事业关乎国家和地区的经济发展水平、动力和竞争力，国际竞争逐步从资源竞争、技术竞争向商标品牌竞争过渡，具有国际知名度的品牌数量成为未来国际竞争的关键。江苏省积极组织商标战略实施，多项指标处于全国领先位置，取得了阶段性成果，为进一步提升商标战略内涵、促进产业结构优化、增强商标对经济的拉动作用奠定了基础。但从全国比较来看，部分指标与浙江省、上海市、北京市、广东省等还有一定的差距，在商标战略实施中，综合意识有待加强。

第一，商标战略过程性意识有待提高。江苏省在商标战略实施过程中，“重实施、轻评价”问题还普遍存在，即注重前段的规划、中端的实施，而对战略实施效果的评价还未得到足够的重视。商标战略是一个系统性过程，既需要有科学的规划、有效的实施，更需要科学的评价，以便推动商标战略向更高的层次迈进。因此，在未来的商标战略实施中，需要提升过程意识，特别是战略评价意识，将战略评价结果作为进一步实施商标战略的依据和指南。

第二，商标战略系统性意识有待提高。一是商标战略是知识产权战略的重要组成部分，江苏省在商标战略实施中从知识产权战略高度，将商标战略视为知识产权战略的子系统，注重商标战略与专利战略的互动，将商标、专利和著作权紧密结合，提升商标的品牌价值。二是商标战略不仅仅是商标的注册申请，而是包括商标创造、商标运用、商标保护、商标管理、商标服务和商标人才等的战略系统。江苏省这些商标战略要素水平处于全国领先的位置，但发展层次和水平并不均衡，例如，商标服务和商标管理与处于前列的其他地区还有较大的差距，影响商标事业的综合实力。因此，江苏省在商标战略实施中既要重点突出商标战略中的薄弱环节，又要统筹兼顾、协同发展。三是提高企业的商标战略意识，将商标战略视为企业经营战略的重要组成部分。江苏省需要进一步激发企业的商标战略意识，鼓励在商标品牌的发展中注入更多的资源，积极推动商标品牌战略的实施。

第二节　大力提升商标创造能力

商标创造是商标产生的过程，是指获得注册，享有商标权。商标创造是一项需要技术创新、管理创新、营销策划创新等的创造性活动。商标创造能力是商标战略的重要内容与要素，与经济发展有着较为紧密的互动关系。江苏省商标创造产出水平全国领先（第三位），但是部分指标与处于第一位的广东省、第二位的浙江省有着较大的差距，与江苏省经济大省不相匹配。另外，江苏省内 13 个地级市的商标创造产出的不均衡性，苏南地区远超苏北地区，这不仅制约了落后地区的商标事业发展，而且抑制了全省商标战略实施效果，影响江苏省在全国的地位。在未来的商标战略实施中，江苏省在商标创造方面需要做到以下两点。

第一，激发市场主体国内外商标注册申请动力。江苏省经济发达，引领竞争趋势，应鼓励企业从价格竞争向商标竞争过渡，推动品牌经济，促进产业转型升级。同时，紧抓国家“一带一路”战略契机，推动海外商标注册申请，促进品牌输出。江苏省需要进一步加强培养商标中介市场，完善商标注册信息化水平，加大商标战略实施的宣传力度等，提供专业、便捷商标注册申请服务体系。

第二，着力缓解商标创造地区不均衡。积极发挥苏南地区的示范效应和带头作用，促进跨地区交流与合作，提高落后地区的商标注册申请动力，加大对苏北地区商标创造的引导力度和支持力度，形成苏南、苏中、苏北区域协同发展态势，提升江苏省商标事业的整体实力。

第三节　大力拓宽商标运用范围

商标的经济价值在于运用，发达国家重视商标的运用，从资源输出到资金输出，最近更是走向品牌输出。江苏省商标品牌发展虽然领先全国（全国第三），但与发达国家相比还有一定的差距，国际知名品牌较少，对地方经济的贡献能力还需要加强；商标品牌运用范围窄，商标内涵价值低；商标质押融资、商标许可市场还不健全，商标品牌的无形资产功能还未得到有效发挥；商标发展中“重注册、轻运用”现象较为明显，很多企业注册了大量商标，但商标品牌化进程缓慢，“僵尸”商标问题突出。例如，江苏汇鸿国际集团有近400个注册商标，而且每年还在增加，但绝大多数商标都没有得到有效运用。在未来的商标战略实施中，江苏省应重视商标运用战略的实施。

第一，进一步完善商标质押融资市场，发挥商标金融融通作用。健全的商标质押融资市场能够解决具有品牌优势的企业贷款难、担保难等问题，帮助企业突破生产经营扩张的资金瓶颈，促进企业品牌的提升，提高品牌的含金量。商标质押融资市场的完善需要：一是建立并完善企业商标价值评价体系，确定商标价值区间。二是培育商标评估市场，提高评估机构信誉。商标价值评估需要第三方独立、权威和专业的机构参与，这就要增强商标评估市场活力，提高商标评估机构的信誉。三是鼓励银行等金融机构开展商标质押融资业务。

第二，提高商标知名度，促进地方经济发展。积极鼓励企业加大品牌投入，提升品牌技术价值、经济价值和文化价值；强化商标分类分级管理，鼓励有条件的企业组织驰名商标和著名商标申报；发挥驰名商标、著名商标的引领作用，推进企业上市、跨地区和跨国经营；提高驰名、著名商标经济比重，促进地方经济发展。

第三，加强商标资源投入指导，实现商标运用区域均衡发展。江苏省商标运用水平的不均衡制约着江苏省商标事业的整体发展，削弱了江苏省在全国的优势地位。在未来的商标战略实施过程中，江苏省要重视对苏北地区商标运用战略实施的投入，提升商标的品牌价值，特别是在驰名商标、著名商标的培育。建立全省统一的商标质押融资平台，充分开发利用商标权的市场价值，支持企业以商标权许可、质押等方式开展经营活动。

第四节 大力加强商标保护力度

商标保护是商标战略的重要组成部分，对商标战略实施效果有着十分重要的作用（权重为0.17，6个维度中排第三）。根据全国比较分析，江苏省在商标保护战略实施中处于全国领先地位（第三位），落后于广东省和浙江省。根据江苏省13个地级市比较分析，商标保护地区不均衡现象程度较低，但苏北地区利用驰名商标保护的能力较低（驰名商标较少）。在未来的商标保护战略实施中，江苏省战略重点为以下两点。

第一，全面完善商标法律法规体系。一是加强商标法制建设。江苏省应依据国家商标战略实施意见中对加强商标法制建设的要求与契机，积极完善江苏省商标地方立法工作。增强立法透明度，使市场主体能够认知立法工作的过程；增强公众参与度，建立具有前瞻性、科学性和高效性的地方法规，反映江苏省特色的地方商标法规体系。二是加强执法条件建设，逐步完善配备必需的执法装备。积极培养打造一支适应新时期工作需要，且个体素质高、业务能力强的专利行政执法队伍。

第二，尽快形成全方位联动式的商标保护体系。商标保护是一项全方面、立体式的系统工程，需要在不断完善相关法律法规的基础上，建设和形成自我保护、行政保护、司法保护、行业自律、社会监督相结合，违法预防、预警、启动和处置为一体的全方位联动式的商标保护体系。商标保护体系包括：利用驰名商标保护，为本区经济发展做贡献；发挥商标行政职权作用，保护好经营者、消费者的合法权益；对驰名、著名商标企业和在全省享有一定声誉的商标实行全行业保护；建立区域商标保护协调机制，加强与商标、公安、海关、质量技术监督等有关行政执法部门的协调配合，建立健全情况通报制度、案件线索移送制度，形成职责清晰、渠道畅通、信息共享、快捷高效的商标保护机制。

第五节 大力提高商标管理信息化水平

商标管理水平直接影响商标战略实施效果。我国非常重视商标管理工作，《国家知识产权战略纲要》（2008）提出，知识产权战略目标是：到 2020 年，要把我国建设成为知识产权管理水平较高的国家；《关于贯彻落实〈国家知识产权战略纲要〉大力推进商标战略实施的意见》（2009）提出，商标战略目标是：到 2020 年，使我国商标管理水平达到国际先进水平的国家。根据全国比较分析，江苏省商标管理能力和水平较高（第五名），处于全国领先位置，但商标管理信息化平台建设与处于前四的地区还有一定的差距。根据江苏省 13 个地级市横向比较，商标信息化平台建设地区不平衡较为明显，苏北地区相对落后。因此，江苏省在商标管理战略实施中，需要建立全省统一的商标信息化平台，构建统一、开放、竞争、有序商标管理环境，在互联互通中实现区域协同发展，全面提高商标管理信息化水平。

第一，将“互联网 +”战略引入商标管理中，利用计算机成熟主流技术，建立适应商标行政管理工作发展需求的决策支持系统和信息统计系统，提高管理信息化水平。

第二，建设商标监管信息发布交流平台，形成信息共享，开展面向企业的商标管理经验交流和宣传培训，分类指导各类企业。便于商标管理和运用水平较高的企业积极发挥示范作用，总结推广先进经验。

第三，完善商标检索方式与检索习惯的商标检索系统，探索实现商标图形自动检索，便于用户信息检索，提高检索效率。

第六节　大力提升商标服务水平

商标对战略实施起着重要作用，我国十分重视商标服务工作，商标服务中介、商标服务信息化水平不断提高。根据全国比较分析，江苏省商标服务水平和能力处于全国领先地位（第五名），但各项指标与处于前四的地区有明显的差距。根据江苏省13个地级市比较分析，商标服务地区不均衡较为明显，苏北地区商标服务水平普遍较低，商标满意度低。江苏省在未来的商标战略实施中，需要大力发展商标中介服务和信息化服务，提高商标满意度。

第一，规范发展商标中介服务体系。商标中介服务对于盘活闲置商标、发挥商标价值的最大化等方面有着重要作用。江苏省应该根据国家《商标代理管理办法》（2015），制定相应的地方相关制度，包括：市场准入制度、代理人信用记录、信用等级评价和失信惩戒等监管制度。鼓励商标中介服务机构完善组织机构，开展多种服务内容，拓展服务范围，提高服务水平，向专业化、规模化和国际化方向发展。积极引导省内外商标中介服务机构展开业务和交流合作，提高商标服务质量。

第二，完善信息公共服务平台。江苏省应该积极响应国家“互联网+”战略，提供便捷商标服务，逐步实现“网上查询、网上公告、网上申请、网上缴费”的便利性、协同性。积极与国家“中国商标网”对接，健全注册信息和工作信息发布，为国内外公众提供更广泛的服务。加强商标数据库建设，指导和支持各地区、各有关行业建设符合自身需要的商标信息库，及时发布商标和与商标有关的信息，完善咨询服务监管机制，为打击假冒商标和混淆商标名称的侵权行为提供信息服务。培育和发展市场化商标信息中介服务。鼓励社会资金投资商标信息化建设，满足不同层次商标信息需求。鼓励企业参与商标信息增值性开发利用。支持建设规范的网上商标交易平台，加强引导和监管。

第七节　大力推进商标人才队伍建设

商标人才是商标战略得以顺利实施的前提，没有人才，商标事业难以发展，商标战略难以实施。江苏省非常重视商标队伍建设，根据全国商标人才比较分析，江苏省具有非常明显的商标人才优势（全国排名第二）。根据江苏省 13 个地级市比较分析，江苏省商标人才呈现明显的区位差异，苏南地区商标人才优势明显、苏中地区次之、苏北地区较弱。加强商标人才队伍建设是江苏省未来商标战略实施的关键与核心。

第一，重视商标人才培训工作，提高商标战略实施的决策服务能力。一是强化对领导干部的培训，提高其组织实施商标战略的能力；强化对企业家的培训，提高企业经营商标的能力。二是强化对企业商标管理人员的培训，提高其商标培育和运用的能力。三是强化对商标中介服务人员的培训，提高其处理商标事务的能力。四是强化对商标执法人员的培训，提高其依法行政的能力。

第二，重视产学研结合，增强商标战略实施的理论指导水平。依托江苏省丰富教育资源，鼓励众多高校开设商标及相关课程，培养商标人才。同时鼓励高校专家学者为江苏省商标战略的制定和实施开展研究和提供理论支持。对于江苏省政府机关和司法、行政等部门和省内中介服务机构及企业商标部门相互配合，提供实践经验。将理论和实践相结合，创建商标实习基地。

第三，建立部门协调机制，统筹规划商标人才队伍建设。积极建立商标人才数据库建设，加大商标人才的储备。积极开展不同行业间、不同区域的商标人员交流，提高商标人员的商标运用、管理等业务水平，为江苏省商标事业做贡献。

第八节　重视商标战略实施效果评价

商标战略实施效果评价是商标战略的核心内容和关键步骤，通过评价，才能明确“在哪里”“去哪里”“如何去”的重大商标战略问题。本书尝试构建了江苏省商标战略实施效果评价指标体系，并对江苏省商标战略实施效果进行了评价。根据全国比较分析，江苏省商标战略实施效果全国领先（处于第四位），其中，商标人才处于全国第二的位置，但商标管理和商标服务还有较大提升空间（全国排名均第五）。根据江苏省内的比较分析，江苏省 13 个地级市商标战略实施效果与地区经济发展呈现一致性，经济越发达，商标战略实施效果越好。

第一，重视商标战略实施效果评价指标体系研究。科学的评价指标体系是进行评价的基础，这需要在工商行政部门牵头下，产学研参与研究，明确衡量指标。建议将指标体系划分为基础指标和可调整指标，前者反映商标战略实施效果评价的持续性、后者反映时代性。

第二，重视商标战略实施过程中的数据库建设。科学决策的基础是数据信息，商标战略的制定、实施和评价离不开商标信息。这就需要工商行政部门制定相关制度，落实数据库建立措施，明确数据采集方式，重视数据采集过程，确保数据采集质量。

第三，确保商标战略实施效果评价客观公正。组织多个机构参与评价，确保其权威性、独立性和专业性。采用科学合理的评价指标体系，科学选择评价指标，选用科学方法确定指标权重。充分利用评价结果，推进新一轮商标战略实施。

参考文献

［1］刘远山，张孝光．论我国商标侵权的司法判定——以商标混淆可能性为视角［J］．中外企业家，2011（06）：133—134

［2］厉春雷．商标：企业品牌的法律形态［J］．现代营销：学苑版，2011（2）：48—49

［3］孙忠明，刘永勤．宝钢的注册商标及知识产权保护初探．全国宝钢学术年会，2006

［4］宋元元．论非传统商标的法律保护［J］．消费导刊，2012（2）：123

［5］曹新伟．从审查实务看我国商标法的修改完善［J］．中华商标，2007（6）：4—7

［6］李然．论非传统商标保护的必要性［J］．合作经济与科技，2011（5）：75—76

［7］王慧杰．学校品牌的经营与管理［J］．发展，2007（5）：89—90

［8］Fradet Y，Lockhard C. Performance characteristics of a new monoclonal antibody test for bladder cancer：Immuno Cyt trade mark［J］. The Canadian journal of urology，1997，4（3）：400—405

［9］马颖．科学有效实施农行企业文化与品牌文化战略［J］．上海农村金融，2008（2）：41—45

［10］李秀丽，董慧．浅析卓越品牌战略［J］．商场现代化，2006（18）：112

［11］蔡卫平．经济类报纸的品牌生存策略［J］．当代传播，2002（6）：67—69

［12］蒋璟萍．论品牌的本质、类型和特征［J］．湖南商学院学报，2010，17（1）

[13] 陈婷．我国企业商标战略研究［D］．武汉理工大学，2008

[14] 刘伟．商标侵权的认定与处理［D］．安徽大学，2006

[15] 陈红丽，范雅婷，李玉．论商标保护与实施品牌战略的关系［C］．中国商品学会2007年年会论文集．2008：31—32

[16] 郝海燕．商标保护为品牌建设画龙点睛［J］．中国品牌，2011（Z1）：76—77

[17] 徐颖．商标战略对提升陕西经济竞争力的实证研究［D］．西安科技大学，2014

[18] 李腾．论立体商标的法律保护［D］．暨南大学，2008

[19] 信一术．湖北省商标战略研究［D］．武汉理工大学，2009

[20] 朱军华．在营业招牌中突出使用他人注册商标构成侵权——从一起案例分析合理使用他人商标的判断标准［J］．中国工商管理研究，2008（9）：73—74

[21] 刘平，戚昌文．论驰名商标的特殊保护［J］．法商研究，1995（6）：65—67

[22] 李君．商标涉外国际保护研究［D］．四川大学，2005

[23] 谈笑．商标：企业品牌的金饭碗［J］．今日南国，2009（20）：60

[24] 李功田，程玉桐．证明商标的法律保护［J］．山东工商行政管理，2002（9）：34—35

[25] 黄海莺．论地理标志的法律保护［D］．四川大学，2004

[26] 庄奎太．商品地理标志如何注册［J］．中华商标，2007（11）：56

[27] 郑其斌．论商标的独立价值［J］．社会科学家，2009（5）：84—87

[28] 张德芬．商标使用界定标准的重构［J］．知识产权，2012（3）：11—20

[29] 张南．论未注册商标的立法保护［D］．对外经济贸易大学，2006

[30] 小野昌延．商标知识［M］．中国财政经济出版社，1981

[31] 傅以尚．论商标商品化［J］．科技管理研究，2005，25（9）：247—249

[32] 刘景龙．品牌形象的塑造和维护［J］．改革与开放，2010（1X）：84—85

[33] 裴建军，张银霞．企业商标保护［J］．山西财经大学学报，2001，23（2）：73—75

[34] Wilkins M. The neglected intangible asset：The influence of the trade mark on the rise of the modern corporation［J］．Business History，1992，34（1）：66—95

[35] 沙勇忠．论企业商标策略［J］．中国信息导报，1995（4）：30—31

[36] 广东省工商局商标课题调研组．实施商标战略对发展经济至关重要［J］．中国工商管理研究，2003（2）：38—41

[37] 王礼全，龙建员．实施名牌带动战略加快培育发展贵州特色经济的对策研究（摘要）［J］．贵州农村金融，2002（2）：13—22

[38] 付双建．贯彻落实《国家知识产权战略纲要》，大力推进商标战略实施［J］．行政管理改革，2010（1）：36—39

[39] 李建昌．贯彻落实《国家知识产权战略纲要》，大力推进商标战略实施，加快《商标法》第三次修改进程［J］．知识产权，2010，20（1）：11—15

[40] 佚名．集中执法资源提升商标保护效能——广东省对商标执法统一行动的新探索［J］．中华商标，2009（6）：54—56

[41] 李瑞华．重视商标防御保护，不可忽视商标使用［J］．食品工业科技，2012，33（11）：28—29

[42] 刘德明，白文怀，春梅．内蒙古农畜产品加工业知识产权发展战略思考（上）［J］．现代农业，2015（1）：87—88

[43] 李建昌．实施商标战略，全面提升商标注册、运用、保护和管理水平［J］．中华商标，2009（4）：6—9

[44] 中华人民共和国国务院．国家知识产权战略纲要［J］．北京周报：英文版，2011，54（34）

[45] 国务院关于印发国家知识产权战略纲要的通知（国发［2008］18号）［J］．宁夏回族自治区人民政府公报，2008（19）

[46] 冯晓青．企业技术创新与实施知识产权战略的法律运行机制研究（下）［J］．政法论丛，2011（5）：63—71

[47] 吴树山，顾来红．试论发展我国知识产权循环经济［J］．现代物业旬刊，2009，8（3）：26—27

[48] 成磊．我国启动知识产权战略 [J]．大经贸，2008 (7)：64

[49] 苏江丽．我国版权产业发展的路径探析 [J]．宜春学院学报，2010，32 (5)：184—187

[50] 房德权．抓住机遇实现知识产权中介服务产业升级 [C]．全面实施国家知识产权战略，加快提升专利代理服务能力——2011 年中华全国专利代理人协会年会暨知识产权论坛．2011

[51] 宋金兰．美国知识产权战略的经验与启示 [J]．经济视野，2013 (16)

[52] 张豫宁．“中国商标成就”宣传报道活动启动仪式举行 [J]．中华商标，2010 (5)

[53] 邱宏志．基于 BSC - GRA 的水力发电企业战略实施效果评价研究及应用 [D]．重庆大学，2012

[54] 刘建华，李庆娟，姜洪臣．论品牌形象在企业发展中的作用 [J]．科技与管理，2006，8 (3)：79—81

[55] 张凯．哈尔滨市知识产权战略研究 [D]．哈尔滨工业大学，2005

[56] 孙焱．中国商标法律保护制度与自由贸易政策的平衡 [D]．对外经济贸易大学，2005

[57] 何涛．浅谈品牌建设的若干因素 [C]．河南省有色金属学会，2012

[58] Roos G，Roos J. Measuring your company's intellectual performance [J]．Long range planning，1997，30 (3)：413—426

[59] Arahi H. Consideration of the Excavations from Architectural View-point—Where the Buddhist Statues Were Originally Installed? [J]．Renaissance Culturelle Du Cambodge，2002，19：65—106

[60] 唐杰，周勇涛．企业知识产权战略实施绩效评价研究 [J]．情报杂志，2009，28 (7)：55—60

[61] 何敏．企业知识产权管理战略 [M]．法律出版社，2006

[62] 董艳梅．云南实施证明商标战略的选择 [J]．云南财经大学学报，2004，20 (1)：94—97

[63] 王战平．大力推进农副产品商标战略　倾心服务社会主义新农村建设 [J]．中国工商管理研究，2007 (6)：70—72

［64］冯晓青．《企业知识产权战略》 ［J］．中国石油企业，2005：122

［65］吴汉东，周俊强．地方商标战略及其制度完善——以《湖北省著名商标认定与促进条例》的制定为例［J］．江汉论坛，2008（8）：130—132

［66］耿丽辉．从《商标法》谈企业的商标战略［J］．内蒙古科技与经济，2007（6）：30—31

［67］曹蕾．区域商标战略实施效果评价指标体系及建模研究［D］．华东师范大学，2014

［68］綦方中，翁潇彬，潘晓弘．一种基于模糊综合评价法的动态联盟绩效评价方法［J］．科技进步与对策，2006，23（4）：110—113

［69］李刚．基于科学发展观的人的全面发展评价模型及实证研究［D］．大连理工大学，2010

［70］邹琦．科技成果奖励评价方法研究［D］．湖南大学，2007

［71］罗纯．基于成分数据若干分析方法的研究［D］．中南大学，2011

［72］李远远，云俊．粗糙集理论在综合评价中的应用研究［C］．中国管理科学学术年会．2009

［73］孙玉刚．灰色关联分析及其应用的研究［D］．南京航空航天大学，2007

［74］吴汉东．中国知识产权制度评价与立法建议［D］．北京知识产权出版社，2008

［75］李永明．知识产权法［D］．浙江大学出版社，2003

［76］张耕．商业标志法［D］．厦门大学出版社，2006

［77］郭民生．知识产权战略实施的综合评价指数［J］．知识产权，2009，19（1）

［78］杨晨，杜婉燕，陈永平．区域知识产权战略绩效评价指标体系构建的探究［J］．科技管理研究，2009，29（2）

［79］王凯歌．商标在先权法律保护研究［D］．西南交通大学，2014

［80］张莉．企业商标管理及其绩效评价研究［D］．四川大学，2006

［81］张琪．论市场经济下的企业商标管理［J］．中央财经大学学报，2002（4）：63—65

［82］杨铁军．知识产权服务与科技经济发展［M］．北京：知识产权出版社，2010

［83］洪群联．我国知识产权服务体系发展现状与战略思路［J］．经济纵横，2011（11）

［84］虞文武，王冬林，范丽恒．常州市知识产权服务体系建设的对策研究［J］．科技管理研究，2013（15）

［85］杨红朝．知识产权服务业培育视角下的知识产权服务体系发展研究［J］．科技管理研究，2014（8）

［86］张淑亚．我国知识产权服务体系的总体框架与经济发展［J］．特区经济，2010（11）

［87］李室荣．商标意识面面观［J］．知识产权，1992（3）

［88］钱建平．论高校对知识产权人才的错位培养［J］．江苏社会科学，2010（6）

［89］李建昌．充分发挥商标战略的引领作用［J］．中国流通经济，2008，7：10—11

［90］吴汉东．设计未来：中国发展与知识产权［J］．法律科学（西北政法大学学报），2011，4：196—200

［91］冯晓青．企业商标使用策略研究［J］．东南大学学报（哲学社会科学版），2006，5：17—22，126

［92］国家知识产权局，http：//www. sipo. gov. cn/dtxx/gw/2005/200804/t20080401_352821. html

［93］关于贯彻落实《国家知识产权战略纲要》大力推进商标战略实施的意见［EB/OL］，http：//www. saic. gov. cn/zwgk/zyfb/zjwj/sbj/200909/t20090908_ 70339. html，2009 -6 -2

［94］邓雪，李家铭，曾浩健．层次分析法权重计算方法分析及其应用研究［J］．数学的实践与认识，2012，42（7）：93—100

［95］魏捷．关于调查问卷中定性数据处理方法的探讨［J］．统计与决策，2008（20）：24—26

［96］沈婷婷．社会学研究者对二手数据利用行为分析［J］．情报理论与实践，2016，39（5）

后　记

世界经济正处于曲折复苏期，全球产业竞争格局加速洗牌，发达国家利用品牌优势，启动了新一轮转型升级。发达国家拥有全球90%以上的国际知名品牌，即使经济陷入低迷，那些一流品牌依然坚挺，品牌输出成为21世纪的大趋势。今天的中国，已经稳居全球第二大经济体、第一货物贸易大国、第二对外投资大国。伴随经济腾飞，我国越来越重视知识产权工作，并将知识产权战略上升为国家战略，作为知识产权战略重要组成部分的商标战略迎来了战略机遇期，进入全面深入实施阶段，我国商标事业取得了辉煌成就，我国已成为商标（品牌）大国，商标注册申请量连续14年位居全球之首。从贴牌到创牌，我国品牌正在走向世界，为世界产业版图注入新的活力。但是，我们也清醒地认识到，我国商标（品牌）发展水平与发达国家还存在较大差距，商标（品牌）多而不强，我国世界500强企业逐年增加，而世界500强商标（品牌）少见，与第二大经济强国的地位极不相称。如何进一步推动我国商标事业发展，商标战略下一步该怎么走，战略重点难点在哪，战略资源如何有效配置……弄清楚这些问题无不需要对阶段性的商标战略实施效果进行评价。

为实现对商标战略实施效果的评价，本书在总结国内外指标体系构建方法的基础上，采用层次分析法，构建了商标战略实施效果的评价指标体系。首先，将商标战略实施效果评价划分为6

个维度，即商标创造、商标运用、商标保护、商标管理、商标服务和商标人才，并选取相应的测量指标。其次，采用层次分析法，为各维度及相应的指标赋权，从全国和江苏省两个层面对全国及江苏省的商标战略实施效果进行评价。通过对全国各省、自治区和直辖市的比较分析，明确江苏省商标建设在全国的优势地位和存在的不足；通过对江苏省 13 个地级市的比较分析，找到江苏省商标事业发展的抓手。最后，对江苏省商标战略实施提出了相关对策建议，为商标战略实施的深入开展提供方向和决策依据。

本书是陈章龙教授和陈效林副教授共同的研究成果。陈章龙教授全面负责本书的研究工作，构建了整个研究提纲和研究技术路线，确定了实施效果评价的 6 个维度及相应的测量指标，撰写了第一章和第六章，并对全书进行了审查。陈效林副教授负责指标体系权重的确定、数据采集与分析以及统稿工作，撰写了第三、第四、第五章。张庆垒博士撰写了第二章。本书的顺利完成还得到了多方的支持和帮助。

特别感谢乔均教授的大力支持和帮助，作为本研究的顾问专家，全程参与了本书的研究设计与撰写的指导工作。他的无私奉献和高尚精神鼓励着研究团队的每位成员，他的博学与严谨保证了本课题研究的质量。

感谢江苏省商标协会常务副秘书长刘铨先生、江苏省工商局商标处副处长朱志虹女士、南京市工商局商标处处长蒋岩坚先生、苏州市工商局商标处处长钱晓星先生、江苏宁海商标事务所所长曹静女士以及宏图三胞集团执行副总裁花贵侃先生，他们对评价指标的选择和权重的确定提供了宝贵的意见。

感谢南京财经大学教师王丽博士和邹俊博士，他们参与了本书的文献整理和校对工作。

感谢南京财经大学马克思主义学院研究生雷佳玉和吕业腾、营销与物流管理学院研究生李伟和金康、陈伟和肖佳等，他们参与了文献资料和数据的收集与整理，并协助撰写了第二章的内容。

本书的研究及出版经费得到了江苏省品牌（商标）研究院和南京财经大学科技处的支持和资助，南京财经大学营销与物流管理学院领导给予多方面大力支持，在此一并感谢。

陈章龙　陈效林

2016 年 12 月